Heinrich Heine

Im traurigen Monat November war's,
Die Tage wurden trüber,
Der Wind riß von den Bäumen das Laub,
Da reist ich nach Deutschland hinüber.

Und als ich an die Grenze kam,
Da fühlt ich ein stärkeres Klopfen
In meiner Brust, ich glaube sogar
Die Augen begunnen zu tropfen.

Und als ich die deutsche Sprache vernahm,
Da ward mir seltsam zumute;
Ich meinte nicht anders, als ob das Herz
Recht angenehm verblute.

Seit ich auf deutsche Erde trat,
Durchströmen mich Zaubersäfte —
Der Riese hat wieder die Mutter berührt,
Und es wuchsen ihm neu die Kräfte.

Kanufahrt auf dem See Breites Wasser nahe dem Künstlerort Worpswede, Niedersachsen

Windflüchter auf der Halbinsel Fischland, Darß und Zingst, Mecklenburg-Vorpommern

Die Brockenbahn im Harz auf dem Weg vom 1142 Meter hohen Gipfel zurück ins Tal nach Schierke, Sachsen-Anhalt

Kuppel des achteckigen Doms zu Aachen, der aus der Karolingerzeit stammt, Nordrhein-Westfalen

Weiter Blick von der Burgruine Wegelnburg bei Nothweiler über den Pfälzerwald im Nebelmeer, Rheinland-Pfalz

Die Mainschleife bei Volkach mit der Wallfahrtskirche „Maria im Weingarten", Bayern

Halbinsel von Wasserburg am Bodensee bei Lindau mit Kirche und Schloss, Baden-Württemberg

Blick über den Walchensee zum Heimgarten (1790 Meter) und Herzogstand (1731 Meter, rechts), Oberbayern

Johannifeuer auf den Waxensteinen mit Zugspitze (2962 Meter), Oberbayern

Deutschland
So schön ist unser Land

Mit Texten von Thomas Mann,
Joseph Roth und Kurt Tucholsky

Ellert & Richter Verlag

Inhalt

   1 Heinrich Heine: Ein stärkeres Klopfen in meiner Brust
  24 Thomas Mann: Deutschland und die Deutschen
  26 Kurt Tucholsky: Heimat
  28 Joseph Roth: Bekenntnis zu Deutschland

  30 Schleswig-Holstein
  56 Hamburg
  74 Niedersachsen
  98 Bremen
 112 Mecklenburg-Vorpommern
 134 Brandenburg
 152 Berlin
 170 Sachsen-Anhalt
 190 Nordrhein-Westfalen
 232 Rheinland-Pfalz
 250 Saarland
 260 Hessen
 282 Thüringen
 302 Sachsen
 326 Baden-Württemberg
 358 Bayern

 398 Die 16 Bundesländer im Überblick
 430 Textquellen / Bildnachweis
 432 Impressum

Thomas Mann:
Deutschland und die Deutschen

Unser größtes Gedicht, Goethes „Faust", hat zum Helden den Menschen an der Grenzscheide von Mittelalter und Humanismus, den Gottesmenschen, der sich aus vermessenem Erkenntnistriebe der Magie, dem Teufel ergibt. Wo der Hochmut des Intellektes sich mit seelischer Altertümlichkeit und Gebundenheit gattet, da ist der Teufel. Und der Teufel, Luthers Teufel, Faustens Teufel, will mir als eine sehr deutsche Figur erscheinen, das Bündnis mit ihm, die Teufelsverschreibung, um unter Drangabe des Seelenheils für eine Frist alle Schätze und Macht der Welt zu gewinnen, als etwas dem deutschen Wesen eigentümlich Naheliegendes. ... Soll Faust der Repräsentant der deutschen Seele sein, so müsste er musikalisch sein; denn abstrakt und mystisch, das heißt musikalisch, ist das Verhältnis des Deutschen zur Welt, – das Verhältnis eines dämonisch angehauchten Professors, ungeschickt und dabei von dem hochmütigen Bewusstsein bestimmt, der Welt an „Tiefe" überlegen zu sein.

Worin besteht diese Tiefe? Eben in der Musikalität der deutschen Seele, dem, was man ihre Innerlichkeit nennt, das heißt: dem Auseinanderfallen des spekulativen und des gesellschaftlich-politischen Elements menschlicher Energie und der völligen Prävalenz des ersten vor dem zweiten. ... (Die Deutschen) haben dem Abendland – ich will nicht sagen: seine schönste, gesellig verbindendste, aber seine tiefste, bedeutendste Musik gegeben, und es hat ihnen Dank und Ruhm dafür nicht vorenthalten. Zugleich hat es gespürt und spürt es heute stärker als je, dass solche Musikalität der Seele sich in anderer Sphäre teuer bezahlt, – in der politischen, der Sphäre des menschlichen Zusammenlebens ... Freiheit, politisch verstanden, ist vor allem ein moralisch-innenpolitischer Begriff. Ein Volk, das nicht innerlich frei und sich selbst verantwortlich ist, verdient nicht die äußere Freiheit; es kann über Freiheit nicht mitreden, und wenn es die klangvolle Vokabel gebraucht, so gebraucht es sie falsch. Der deutsche Freiheitsbegriff war immer nur nach außen gerichtet; er meinte das Recht, deutsch zu sein, nur deutsch und nichts anderes, nichts darüber hinaus, er war ein protestierender Begriff selbstzentrierter Abwehr gegen alles, was den völkischen Egoismus bedingen und einschränken, ihn zähmen und zum Dienst an der Gemeinschaft, zum Menschheitsdienst anhalten wollte. Ein vertrotzter Individualismus nach außen, im Verhältnis zur Welt, zu Europa, zur Zivilisation, vertrug er sich im Inneren mit einem befremdenden Maß von Unfreiheit, Unmündigkeit, dumpfer Untertänigkeit.

Kurt Tucholsky:
Heimat

Nun wollen wir auch einmal Ja sagen. Ja –: zu der Landschaft und zu dem Land Deutschland. Dem Land, in dem wir geboren sind und dessen Sprache wir sprechen. Der Staat schere sich fort, wenn wir unsere Heimat lieben. Warum gerade sie – warum nicht eins von den andern Ländern –? Es gibt so schöne. Ja, aber unser Herz spricht dort nicht. Und wenn es spricht, dann in einer anderen Sprache – wir sagen „Sie" zum Boden; wir bewundern ihn, wir schätzen ihn – aber es ist nicht das. Es besteht kein Grund, vor jedem Fleck Deutschlands in die Knie zu sinken und zu lügen: wie schön! Aber es ist da etwas allen Gegenden Gemeinsames – und für jeden von uns ist es anders. Dem einen geht das Herz auf in den Bergen, wo Feld und Wiese in die kleinen Straßen sehen, am Rand der Gebirgsseen, wo es nach Wasser und Holz und Felsen riecht und wo man einsam sein kann; wenn da einer seine Heimat hat, dann hört er dort ihr Herz klopfen. Das ist in schlechten Büchern, in noch dümmeren Versen und Filmen schon so verfälscht, daß man sich beinah schämt, zu sagen: man liebe seine Heimat. Wer aber weiß, was die Musik der Berge ist, wer die tönen hören kann, wer den Rhythmus einer Landschaft spürt ... nein, wer gar nichts andres spürt, als daß er zu Hause ist; daß das da sein Land ist, sein Berg, sein See – auch wenn er nicht einen Fuß des Bodens besitzt ... es gibt ein Gefühl jenseits aller Politik, und aus diesem Gefühl heraus lieben wir dieses Land.
Wir lieben es, weil die Luft so durch die Gassen fließt und nicht anders, der uns gewohnten Lichtwirkung wegen – aus tausend Gründen, die man nicht aufzählen kann, die uns nicht einmal bewußt sind und die doch tief im Blut sitzen.
Wir lieben es, trotz der schrecklichen Fehler in der verlogenen und anachronistischen Architektur, um die man einen weiten Bogen schlagen muß; wir versuchen, an solchen Monstrositäten vorbeizusehen; wir lieben das Land, obgleich in den Wäldern und auf den öffentlichen Plätzen manch Konditortortenbild eines Ferschten dräut – laß ihn dräuen, denken wir und wandern fort über die Wege der Heide, die schön ist, trotz alledem.

Manchmal ist diese Schönheit aristokratisch und nicht minder deutsch; ich vergesse nicht, daß um so ein Schloß hundert Bauern im Notstand gelebt haben, damit dieses hier gebaut werden konnte – aber es ist dennoch, dennoch schön. Dies soll hier kein Album werden, das man auf den Geburtstagstisch legt; es gibt so viele. Auch sind sie stets unvollständig – es gibt immer noch einen Fleck Deutschland, immer noch eine Ecke, noch eine Landschaft, die der Photograph nicht mitgenommen hat ... außerdem hat jeder sein Privat-Deutschland. Meines liegt im Norden. Es fängt in Mitteldeutschland an, wo die Luft so klar über den Dächern steht, und je weiter nordwärts man kommt, desto lauter schlägt das Herz, bis man die See wittert. Die See – Wie schon Kilometer vorher jeder Pfahl, jedes Strohdach plötzlich eine tiefere Bedeutung haben ... wir stehen nur hier, sagen sie, weil gleich hinter uns das Meer liegt – für das Meer sind wir da. Windumweht steht der Busch, feiner Sand knirscht dir zwischen den Zähnen ...

Die See. Unvergeßlich die Kindheitseindrücke; unverwischbar jede Stunde, die du dort verbracht hast – und jedes Jahr wieder die Freude und das „Guten Tag!" und wenn das Mittelländische Meer noch so blau ist ... die deutsche See. Und der Buchenwald; und das Moos, auf dem es sich weich geht, daß der Schritt nicht zu hören ist; und der kleine Weiher, mitten im Wald, auf dem die Mücken tanzen – man kann die Bäume anfassen, und wenn der Wind in ihnen saust, verstehen wir seine Sprache. Aus Scherz hat dieses Buch den Titel „Deutschland über alles" [Titel der Originalausgabe] bekommen, jenen törichten Vers eines großmäuligen Gedichts. Nein, Deutschland steht nicht über allem und ist nicht über allem – niemals. Aber mit allen soll es sein, unser Land. Und hier steht das Bekenntnis, in das dieses Buch münden soll:

Ja, wir lieben dieses Land.

Und nun will ich euch mal etwas sagen: Es ist ja nicht wahr, daß jene, die sich „national" nennen und nichts sind als bürgerlich-militaristisch, dieses Land und seine Sprache für sich gepachtet haben. Weder der Regierungsvertreter im Gehrock, noch der Oberstudienrat, noch die Herren und Damen des Stahlhelms allein sind Deutschland. Wir sind auch noch da. Sie reißen den Mund auf und rufen: „Im Namen Deutschlands ...!" Sie rufen: „Wir lieben dieses Land, nur wir lieben es." Es ist nicht wahr.

Im Patriotismus lassen wir uns von jedem übertreffen – wir fühlen international. In der Heimatliebe von niemandem – nicht einmal von jenen, auf deren Namen das Land grundbuchlich eingetragen ist. Unser ist es ... Und in allen Gegensätzen steht – unerschütterlich, ohne Fahne, ohne Leierkasten, ohne Sentimentalität und ohne gezücktes Schwert – die stille Liebe zu unserer Heimat.

Joseph Roth:
Bekenntnis zu Deutschland

Dem aufrichtigen Bekenntnis zu dem Lande, das man aus geheimnisvollen und also nicht zu erörternden Gründen sein Vaterland heißt, muß man, beinahe aus ebenso unerklärlichem Grund, eine Art Erläuterung vorausschicken. Nirgends und niemals noch hat ein Bekenntnis zur Heimat einer Entschuldigung bedurft. Heute und bei uns sieht man sich gezwungen, vorerst die Bekenntnisformel von der schwülstigen Verlogenheit zu säubern, mit der man sie beworfen hat, von der papiernen Phraseologie, von der es seit Jahrzehnten um sie raschelt, von der blutrünstigen Roheit, die seit Jahrzehnten den Patriotismus, die Liebe zur Nation und die Sprache in Pacht hält und vergewaltigt.

Dem Vaterland kann man seine Anhänglichkeit nur in einer Form erklären, die sich unzweideutig scheidet von den üblichen Formen patriotischer Liebeserklärungen. Es gab eine Zeit in Deutschland, wo die stille Würde des Gelehrten, die behutsame Scheu des Dichters, die staatsmännische Vernunft des Politikers und alle einfachen Herzen der privaten Menschen mit natürlicher Selbstverständlichkeit die Liebe zum Vaterland gestanden und bekannten in Briefen, in Werken, in Äußerungen jeder Art. Es gab keine patriotisch privilegierten Parteien, und die vaterländischen Bekenntnisse waren noch keine demonstrativen Schlachtrufe. Das Nationalgefühl war die stillschweigende Voraussetzung jeder Gesinnung - so wie die menschliche Solidarität die stille Voraussetzung jeder wahrhaft menschlichen Existenz ist. Wie unsicher müssen jene Nationen geworden sein, bei denen ganze Parteien ein jahrzehntelanges Leben von der selbstverständlichen und keineswegs politischen Überzeugung bestreiten, daß sie national seien, und von der unermüdlichen Äußerung dieser Überzeugung. Sich innerhalb einer Nation heimisch fühlen ist eine primäre Regung des zivilisierten europäischen Menschen, keineswegs eine Weltanschauung und niemals ein Programm. Es wäre infolgedessen nur konsequent, anzunehmen, dass jene Parteien die wahrhaft »nationalen« sind, die es nicht erst ausführlich bekennen, sondern das nationale Gefühl als selbstverständlich voraussetzen.

Das scheint aber nicht der Fall. Denn die Heftigkeit, mit der große und edle Teile der Nation ihren Patriotismus wiederholen, die Leidenschaft, mit der ein großer Teil der Jugend sich in hitzige Kämpfe einläßt, um nichts anderes zu erreichen als eine Stärkung und Sicherung des nationalen Gefühls: Es läßt uns annehmen, daß in den anderen Lagern das primäre nationale Gefühl geschwächt worden ist, im Laufe der Zeiten und der Kämpfe, verschüttet von Mißverständnissen, von Debatten, von Idealen sogar. Und doch ist die Vorstellung absurd, daß ein deutscher Mensch, das heißt: ein Individuum, das innerhalb des deutschen Kultur-, Denk- und Sprachgebiets die Quellen seines geistigen Lebens findet, deutscher sein könnte oder weniger deutsch als ein anderer. Wo gäbe es in der Natur Beispiele dafür, daß sich eine Scholle eines bestimmten Ackers besser dünken könnte als ihre Schwester? Wie unaussprechlich undenkbar etwa die Vorstellung, daß es Eichen gäbe, von denen die eine eichenhafter wäre als die andere? Warum dieser Streit, der die Gleichheit aller leugnet und alle scheidet und alle umbringt? Wieviel weit hergeholte Beweise für etwas Unbeweisbares, weil längst Bewiesenes? Die Nation, ein Begriff, den man nicht eindeutig definieren kann, eben weil sie so eindeutig besteht – wer wollte zum Beispiel die Natur definieren? Es bedarf keiner besonderen Beweise durch ihre Angehörigen, und wer sich zu ihr bekennt, hat nichts anderes gesagt, als was wir schon längst wissen. Es scheint nun aber so zu sein, daß diejenigen, die seit Jahrzehnten ihr nationales Bekenntnis nicht ablegen, es verschüttet oder gar vergessen haben! Denn es muß doch irgendeine Beziehung sein zwischen der nationalen Lautheit der einen und der nationalen Stummheit der anderen; es muß doch eine Beziehung sein zwischen dem Zwang des einen, immer lauter zu rufen, und der immer stärkeren Taubheit des andern! Vielleicht rufen die einen so stark, weil die andern kein Echo geben? Vielleicht aber – und wahrscheinlich ist dem so – geben diese andern aus Schamhaftigkeit kein Echo? Vielleicht ist es zu spät und zu laut um »das Nationale« geworden? Ja, so ist es vielleicht, und deshalb halten wir es für nötig, einen Versuch zu wagen – und mag er kümmerlich ausfallen. Und das Wort, das mißbrauchte, abgehetzte, durch alle Gossen geschleifte und durch alle undurchsichtigen Parteienkanäle: das Wort Deutschland, deutsches Land, mit jener stillen Ehrfurcht zu wiederholen, mit der allein es ausgesprochen werden darf. Dennoch ein deutsches Wort: Wort einer tausendmal mißhandelten, durch Revolverpresse und Reklamewesen verschandelten, zu Programmen und Annoncen verwandelten Sprache!

30

Schleswig-Holstein

Aus 41 Metern Höhe sendet der Leuchtturm von Westerhever auf der Halbinsel Eiderstedt, zu Anfang des 20. Jahrhunderts erbaut, seine Signale fast 50 Kilometer weit hinaus auf die Nordsee. Wenige Kilometer entfernt liegt die endlos weite Sandbank von St. Peter-Ording.

Seit Jahrhunderten diente die bis über 30 Meter hohe Steilküste des Roten Kliffs zwischen Wenningstedt und Kampen vorbeifahrenden Schiffen als untrügliches Erkennungsmerkmal der Insel Sylt. Eine derart auffällige Abbruchkante findet sich weder an der dänischen deutschen und niederländischen Küste ein zweites Mal. Besonders beim Sonnenuntergang zieht es Urlauber und Einheimische mit seiner unvergleichlichen Rotfärbung magisch an.

Schleswig-Holstein

Schleswig-Holstein

Als eine der letzten großen Naturlandschaften wurde das weitläufige Wattenmeer vor den deutschen Nordseeküsten seit 2009 als Weltnaturerbe unter Schutz gestellt, um so seine Einzigartigkeit zu bewahren. Vor allem für den Erhalt der biologischen Vielfalt besitzt es weltweit eine herausragende Bedeutung. Es zeigt auf einmalige Weise, wie sich Pflanzen und Tiere an die ständig wechselnde Landschaft anpassen.

36 Etwa 100 Kutter haben heute noch an der Westküste Schleswig-Holsteins ihren Heimathafen und sorgen dafür, dass genügend Schollen, Muscheln und Krabben aus der Nordsee frisch in die Restaurants kommen.

Die Nordseeinsel Helgoland besteht aus einem bis zu 56 Meter über dem Meeresspiegel aufragenden Buntsandsteinfelsen und der östlich gelegenen Düne. Wahrzeichen des Nordseebades ist die „Lange Anna" (links).

Schleswig-Holstein

Der Maler Emil Nolde (1867–1956) entwarf sein Wohnhaus und den Garten in Seebüll/ Nordfriesland 1926/27 selbst. Seine hier während der Nazi-Zeit entstandenen Aquarelle, die „ungemalten Bilder", spiegeln die Landschaft des Nordens.

Grachtenrundfahrt in Friedrichstadt. Noch heute wirkt die kleine Stadt zwischen Eider und Treene wie ein Stück Holland. Tatsächlich war Friedrichstadt eine Gründung für niederländische Glaubensflüchtlinge im 17. Jahrhundert.

Schleswig-Holstein

Endlos scheint der zwölf Kilometer lange und bis zu zwei Kilometer breite Strand von St. Peter-Ording. Charakteristisch für das Seebad auf der Halbinsel Eiderstedt in Nordfriesland sind seine hochwassersicheren Pfahlbauten. Beinahe unvorstellbar, dass ein paar Stunden später das Wasser wieder aufrollt, im ewigen Gleichmaß von Ebbe und Flut. Eine Landschaft im Rhythmus der Gezeiten.

Strahlend weiß erhebt sich am Ostufer der Flensburger Förde das Wasserschloss Glücksburg mitten in einem aufgestauten See und lässt Anmut und Strenge gleich doppelt erscheinen. Zwischen 1582 und 1587 wurde Norddeutschlands berühmtestes Schloss von Herzog Johann dem Jüngeren von Schleswig-Holstein-Sonderburg im Stil der Renaissance aus den Steinen eines abgerissenen Klosters erbaut. 1779 fiel es an die dänische Krone und war von 1854 bis 1863 königliche Sommerresidenz. Heute ist das in eine Stiftung umgewandelte herrschaftliche Haus im Besitz des Prinzen Christoph zu Schleswig-Holstein-Sonderburg-Glücksburg. Das Jahr über steht das Wahrzeichen Schleswig-Holsteins mit seinen Salons und Kunstschätzen dem Besucher als Museum offen.

Schleswig-Holstein

Flensburg, die alte See- und Handelsstadt, ist durch die 34 Kilometer lange Flensburger Förde mit der Ostsee verbunden. Die Altstadt mit ihren historischen Kaufmannshäusern und dem beeindruckenden Hafen ist ein Zeugnis ehrwürdiger Vergangenheit.

Schleswig-Holstein

Die Schlei, die „schöne Schwester der Ostsee", ist die längste und schmalste der Ostseeförden. Auf einer Länge von 40 Kilometern trennt sie die bäuerlich geprägten Landschaften Schwansen und Angeln und sorgt mit ihren Buchten und Nooren für immer neue Ausblicke. Wie hier bei Sieseby bilden Felder, Wasser und Wald mit den sich ans Ufer drängenden Fachwerkhäusern ein Bild der frühlingshaften Harmonie.

43

Mit Schloss Gottorf in Schleswig entstand im 16. und 17. Jahrhundert eine mächtige Anlage. Im Inneren können heute die Gotische Halle, der Hirschsaal und die Schlosskapelle mit herzoglicher Betstube besichtigt werden. Das Schloss zeigt aber auch Sammlungen der Landesmuseen von Schleswig-Holstein.

Malerisch liegt die Windmühle Charlotte am Rande der Geltinger Birk, einem Naturschutzgebiet an der schleswig-holsteinischen Ostseeküste. Mehr als 150 Jahre sorgte sie für die Entwässerung des eingedeichten Geländes; bis 1938 wurde hier aber auch Korn gemahlen. Sie ist nicht öffentlich zugänglich. Von der Gesamtfläche des Naturschutzgebietes liegen etwa 260 Hektar unter Normalnull. Die Landschaft ist geprägt durch Wasserflächen (Geltinger Noor), Strandseen, Sümpfe, Wälder, Salzwiesen, Dünen, Strand und Nehrungshaken. Zum Naturschutzgebiet gehören auch die an das Land grenzenden Flachwasserbereiche mit Seegraswiesen. Zur Erhaltung der Weidelandschaften werden von der Stiftung Naturschutz Schleswig-Holstein auf Teilen des Gebietes Herden von Pferden (Koniks), Rindern (Galloways) und Schafen eingesetzt.

Schleswig-Holstein

46 Hier möchte man Urlaub machen: Die um 1900 erbauten Strandhäuser auf der 2,5 Kilometer langen Halbinsel Graswarder sind ein Wahrzeichen von Heiligenhafen. Hinter ihnen erstreckt sich ein Naturschutzgebiet, das Seevögeln einen idealen Brutplatz bietet.

Schleswig-Holstein

48 Elegante Linie zwischen Himmel und Meer. Die in der Ferne sichtbare fast einen Kilometer lange Fehmarnsundbrücke verbindet seit 1963 das Festland mit Fehmarn. Über die Insel führt seither die „Vogelfluglinie" von Deutschland nach Skandinavien.

Schleswig-Holstein

Der Nord-Ostsee-Kanal verbindet die Elbbucht der Nordsee mit der Kieler Förde der Ostsee. Er gehört zu den meistbefahrenen Wasserstraßen der heutigen Zeit. Die Durchfahrt des 98,7 Kilometer langen Kanals dauert sieben bis acht Stunden. Dieses Containerschiff hat soeben die Schleusen bei Brunsbüttel passiert, unterquert die nahegelegene Hochbrücke über die B 5 und ist Richtung Kiel unterwegs.

Kiel ist die Landeshauptstadt Schleswig-Holsteins. Das von 1907 bis 1911 erbaute denkmalgeschützte Rathaus am Kleinen Kiel erinnert mit seinem markanten Turm an den Campanile in Venedig.
Der Sommer ist die große Zeit der Fördestadt. Dann fährt man nach Strande und Schilksee und lässt sich während der „Kieler Woche" von der Pracht der weißen Segel berauschen, mit der sich das größte „Seglerfest der Welt" jedes Jahr Ende Juni von Neuem präsentiert.

Die pittoreske Hafenstadt Eckernförde verfügt auch über einen gut besuchten Sandstrand. Besonders attraktiv ist es rund um den Hafen mit seiner Holzbrücke, dem Rundsilo und vielen gastronomischen Angeboten.

Schleswig-Holstein

Das Eutiner Schloss vom Park aus gesehen: Die fürstbischöfliche Residenz wurde im ausgehenden 17. Jahrhundert im Stil des Spätbarock errichtet. Der Charme des beinahe intim wirkenden Schlosses hält sich bis heute. Nach gründlicher Renovierung können Schloss und Park mit seinem alten Baumbestand und versteckt liegenden Tempeln wieder besichtigt werden.

Schleswig-Holstein

Gebieterisch erhebt sich das Plöner Schloss und beinahe Schutz suchend drängt sich die kleine Stadt an die majestätische Anlage. Das 1633 bis 1638 im Stil der Renaissance erbaute Schloss war bis 1761 Residenz der Herzöge von Schleswig-Holstein-Sonderburg-Plön, danach fiel es an Dänemark und kam 1867 zu Preußen. Bis 1918 beherbergte das Schloss eine Kadettenanstalt. Heute ist in den weitläufigen Räumlichkeiten eine Akademie für Augenoptiker untergebracht.

Gut Emkendorf, unweit des Westensees gelegen, wurde Mitte des 18. Jahrhunderts im spätbarocken Stil vollendet. Es liegt in einem weitläufigen Landschaftspark, der zum großen Teil öffentlich zugänglich ist.

Zur sanft gewellten Hügellandschaft Schleswig-Holsteins gehören die in vergangenen Jahrhunderten als gutsadliges Herrschaftszeichen errichteten Torhäuser – das von Hasselburg bei Neustadt ist von besonderer Eleganz.

Das vier Kilometer lange Brodtener Steilufer erstreckt sich zwischen Travemünde und Niendorf an der Lübecker Bucht. Ein Spazierweg führt entlang des naturbelassenen Küstenabschnitts mit grandiosen Blicken auf die Ostsee und den wilden Naturstrand.

Schleswig-Holstein

Das Holstentor, 1469 bis 1478 als Festungsbau mit dreieinhalb Meter starken Mauern nach flandrischem Vorbild erbaut, hat zwar niemals „Dienst" als Verteidigungswerk tun müssen. Dennoch zeigte es allen Feinden Lübecks, dass mit der „Königin der Hanse" nicht zu spaßen war. Heute ist das trutzige Tor das Wahrzeichen der Stadt.

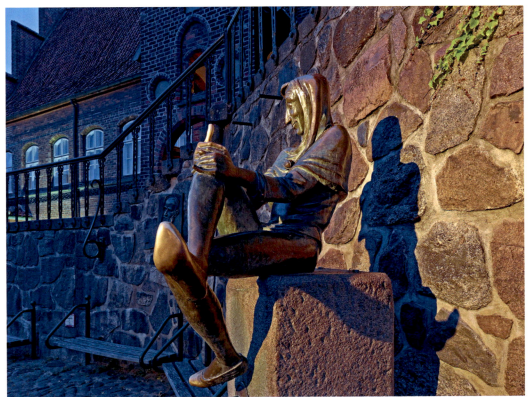

Glück bringt es, wenn man die Schuhspitze oder den hochgestreckten Daumen von Till Eulenspiegel berührt. Die bronzene Brunnenfigur steht auf dem Marktplatz der malerischen Altstadt von Mölln.

Hamburg

Das gläserne Wellengebirge der Elbphilharmonie, errichtet auf dem roten Klinkersockel des ehemaligen Kaispeichers A, überragt die Highlights der Stadt. Zu ihren Füßen die elegante Cap San Diego, heute Museumsschiff. Links im Bild das Hanseatic Trade Center.

Mit zehn Liegeplätzen ist der Containerterminal Burchardkai der größte seiner Art im Hamburger Hafen. Auch wenn es aussieht, als stünde alles still am Abend: Die Kran-Giganten, die bei hochgerecktem Hals an stählerne Giraffen erinnern, sind rund um die Uhr aktiv.

Die ehemalige Werft Blohm+Voss (heute zur Unternehmensgruppe Lürssen gehörend) auf der gegenüberliegenden Seite der Elbe, davor der Pegelturm der St.Pauli-Landungsbrücken. Im Dock wird das Container-Schiff Cap San Nicolas auf Vordermann gebracht. Kein Hamburg-Besuch ohne Hafenrundfahrt. Von den Landungsbrücken starten die Barkassen und bringen Besucher aus aller Welt nah an die riesigen Trockendocks und in die vielen Hafenbecken.

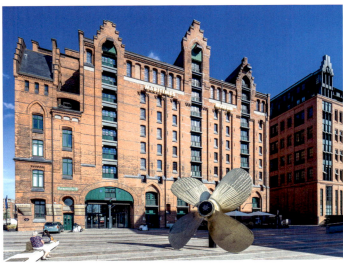

Dort, wo heute die ab 1883 errichtete Speicherstadt und das Internationale Maritime Museum Hamburg stehen, befand sich vorher ein Wohnviertel. Dieser Teil Hamburgs mit seinen roten Backsteinhäusern war von 1888 bis 2003 „Zollausland" und gehörte zum Freihafen. Im Schifffahrtsmuseum von Weltrang, das in dem sensibel umgebauten Kaispeicher B residiert, werden umfangreiche Sammlungen von Schiffsmodellen, Schiffsminiaturen, Konstruktionsplänen, Gemälden, Grafiken und vieles mehr gezeigt.

Schiffsveteranen in der HafenCity, Hamburgs jüngstem Stadtteil. Am Schwimmponton des neuen Traditionsschiffhafens begegnen sich historische Segler und Dampfschifffahrt. Im Hintergrund die markante Silhoutte der Elbphilharmonie.

Hamburg

Eine der vielen Attraktionen Hamburgs ist die Ende des 19. Jahrhunderts erbaute, heute denkmalgeschützte und als UNESCO-Welterbe eingetragene Speicherstadt mit ihren neugotischen Backsteinbauten und reich verzierten Giebeln. Noch vor Sonnenuntergang wird das Ensemble täglich mit seinen markanten Bauelementen illuminiert. Besonders schön ist der Blick von der Brücke an der Poggenmühle in Richtung Holländischbrookfleet und Wandrahmsfleet (rechts).

Hamburg

Die Krameramtswohnungen wurden im 17. Jahrhundert für die Witwen der Einzelhändler errichtet. Die kleine Gasse zu Füßen der Michaeliskirche ist heute ein sehr beliebtes Touristenziel.

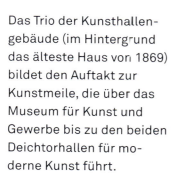

Das Trio der Kunsthallengebäude (im Hintergrund das älteste Haus von 1869) bildet den Auftakt zur Kunstmeile, die über das Museum für Kunst und Gewerbe bis zu den beiden Deichtorhallen für moderne Kunst führt.

Die an den Bug eines Schiffes erinnernde Spitze des Chilehauses und der benachbarte Sprinkenhof sind die architektonisch bedeutsamsten Gebäude des als UNESCO-Welterbe eingetragenen Hamburger Kontorhausviertels. Das von dem Architekten Fritz Höger von 1922 bis 1924 errichtete Gebäude wurde zu seinem Hauptwerk und einem der Wahrzeichen der Hansestadt.

Nach elfjähriger Bauzeit wurde Hamburgs pompöses Rathaus 1897 eingeweiht. Eine Besichtigung des repräsentativen Gebäudes mit seinem 112 Meter hohen Mittelturm lohnt sich. Im Innern zeigt sich die Selbstdarstellungslust der Freien und Hansestadt in seltener Üppigkeit.

Hamburg

64 Die Binnenalster ist Hamburgs „gute Stube". Am Jungfernstieg liegen die weißen Boote der Alsterflotte. Über den Dächern der prominenten Einkaufsmeile sind die Türme der St.-Nikolai-Kirche am Hopfenmarkt (rechts), des Rathauses, der Katharinen-Kirche und von St. Petri (links) zu sehen.

Hamburg

Die Außenalster gibt der Stadt eine einzigartige landschaftliche Gestalt. Im Zuge der Stadterweiterung im 19. Jahrhundert entstanden an ihren Ufern gehobene Villenviertel. Im Sommer ist der 164 Hektar große See ein beliebtes Ruder- und Segelrevier. Das große aufgestaute Wasserbecken mitten in der Stadt ist einer der Hauptgründe, warum Hamburg zu den schönsten Metropolen der Welt zählt.

Hamburg

Hamburgs Stadtpark – hier ein Blick vom Stadtparksee über die Mittelachse mit dem Planetarium im Hintergrund – wurde geschaffen als grüne Lunge und Freizeitraum für die vielen Bewohner der neuen Arbeitersiedlungen, die mit Beginn des 20. Jahrhunderts im Norden der Stadt gebaut wurden. Auf 180 Hektar wurde das „Freizeit-Volkshaus" ab 1911 unter der Leitung von Hamburgs berühmten Oberbaudirektor Fritz Schumacher angelegt.

Mitten in der Großstadt – Idylle pur. Ein weitverzweigtes Kanalsystem, in Hamburg Fleete genannt, durchzieht die Landschaft rechts und links der Alster. Auf vielen kann man sich mit einem Boot durch den Großstadt-Dschungel bewegen.

Am Strand von Övelgönne mischen sich Idylle mit – auf der anderen Wasserseite – der großen weiten Welt des Hafens. Treffpunkt ist die Kultkneipe „Strandperle". Besonders beeindruckend ist, wenn eine Ikone der Weltmeere, die Queen Mary 2 mit ihren 148 528 Bruttoregistertonnen eines der größten Passagierschiffe, den Hafen in Richtung Nordsee verlässt.

Hamburg

Die Davidwache auf St. Pauli ist Deutschlands berühmteste Polizeistation. Das Backsteingebäude an der Ecke Spielbudenplatz/Davidstraße, entworfen von Fritz Schumacher, ist eine beliebte TV-Krimi-Location.

Im Schanzenviertel werden bei den ersten Sonnenstrahlen die Stühle und Tische auf dem Bürgersteig aufgeschlagen. In den zahllosen Cafés, Restaurants, Bars und Imbissen kann jeder nach seiner Fasson selig werden.

Mächtig wie ein Schiff liegt es mitten in der Elbe: das 2006 von den Architekten Bothe Richter Teherani aus Glas und Stahl fertiggestellte „Dockland". Von seinem begehbaren Oberdeck hat man eine fantastische Aussicht auf die Elbe, den Hafen und das Altonaer Elbufer.

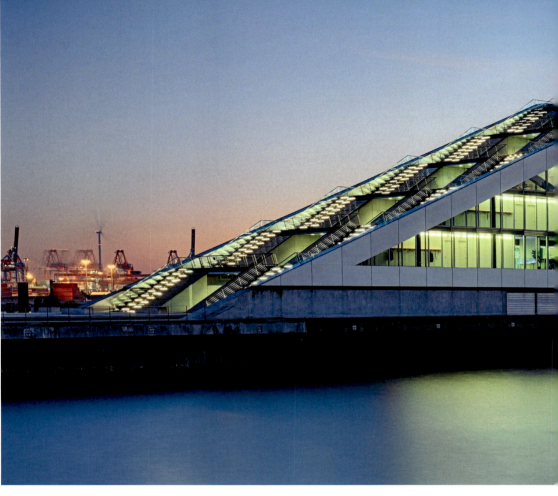

Der Jenischpark ist einer der bedeutendsten Landschaftsgärten in Norddeutschland. Das Jenisch Haus, ein Zeugnis großbürgerlicher Wohlkultur aus dem 19. Jahrhundert, kann besichtigt werden. Es finden dort wechselnde Ausstellungen zur Geschichte des Parks und des Hamburger Westens statt. Außerdem bieten zwei Museen im Park Kunstbesichtigungen an: das Ernst Barlach Haus und das Bargheer Museum.

Im Museumshafen von Övelgönne kann man Hamburgs maritime Vergangenheit hautnah erleben. Am Anleger von Neumühlen sind historische Frachtfahrzeuge der Niederelbe ebenso zu bewundern wie Zollboote, Schlepper, historische Eisbrecher oder Feuerschiffe.

Hamburg

Unten am Strand von Blankenese, einem ehemaligen Fischerdorf an der Elbe, gibt es auf dem Anleger, genannt Op'n Bulln, bürgerliche Küche. Hier legen die Fähren ab nach Cranz ins Alte Land. Oben auf dem Turm des Süllbergrestaurants zeigt die Hamburger Fahne die in der Stadt am großen Strom vorherrschende Windrichtung ar: West. Hundert Kilometer weiter und man ist am Meer.

Hamburg

Niedersachsen

Auf dem Burgplatz in Braunschweig, der zweitgrößten Stadt Niedersachsens, steht neben der Domkirche seit über acht Jahrhunderten der Bronzelöwe, den Herzog Heinrich der Löwe, Herzog von Sachsen und Bayern, 1166 als Symbol seines Herrschaftsanspruchs errichten ließ.

Niedersachsen

Der Leuchtturm von Pilsum ist eines der Wahrzeichen Ostfrieslands. Bis 1915 wies der elf Meter hohe, genietete Eisenturm den Schiffen den Weg in die Ems. Seither ist der leuchtend gelbrote Veteran außer Dienst.

Papenburg war bis in das 19. Jahrhundert eine bedeutende Seestadt mit vielen Werften und Reedereien. Die Erinnerung daran hält der Segler „Friederike von Papenburg" wach, der am Papenburger Hauptkanal vor Anker liegt.

Stressfreie Erholung in unverfälschter Natur bieten die Ostfriesischen Inseln in reichem Maß; sie sind seit langem eines der beliebtesten Urlaubsziele in Deutschland. Für den Badebetrieb von einst waren die Strandwagen, wie hier auf Norderney, unerlässlich, in denen man sich umkleidete, ehe man vorsichtig ins Meer stieg.

Greetsiel, einst Sitz des ostfriesischen Häuptlingsgeschlechts der Cirksena, hat sich mit seinem malerischen Ortsbild rund um den alten Sielhafen der Krabbenfischer zu einem attraktiven Fremdenverkehrsort entwickelt.

Niedersachsen

Die dem Festland vorgelagerten sieben bewohnten Ostfriesischen Inseln, Borkum, Juist, Norderney, Baltrum, Langeoog, Spiekeroog und Wangerooge, Teil des Nationalparks Niedersächsisches Wattenmeer, sind seit jeher dem Ansturm von Wind und Wellen ausgesetzt. Ihnen verdanken sie ihre sich bis heute ständig wandelnde Gestalt.

Die je nach Wetter und Tageszeit wechselnden Stimmungen der Meer- und Wattlandschaft, wie hier am Abend bei Baltrum, bleiben dem Besucher lange im Gedächtnis.

Niedersachsen

Die Stadtkirche St. Lamberti in Oldenburg überrascht durch den Gegensatz von Innen und Außen: Einem spätgotischen Gehäuse wurde nach Einsturz des Gewölbes 1797 ein klassizistischer Zentralbau eingefügt. Der Neubau des Westturms erfolgte erst 1873. Die Schlosswache weist auf den einstigen Residenzcharakter der Stadt hin.

Das historische Rathaus von Osnabrück wurde zwischen 1487 und 1512 im spätgotischen Stil erbaut. Es ist eines der prägnantesten Gebäude der Stadt und wird bis heute als Rathaus genutzt. Fünf Jahre lang von 1643 bis 1648 tagten in den Rathäusern von Osnabrück und Münster die Delegationen der Kriegsparteien, bis der Westfälische Friede ausgehandelt und unterzeichnet wurde und damit der Dreißigjährige Krieg zu Ende war.

Die Lüneburger Heide, zwischen Aller und Elbe gelegen, ist eine der eigentümlichsten Landschaften Norddeutschlands. Weidende Heidschnuckenherden, dunkle Wälder und Moore, Sand- und Lehmheiden prägen das Bild dieses Naturraums, der auch die Landschaft des „Heidedichters" Hermann Löns ist. Seine volkstümlichen Lieder und naturnahen Erzählungen haben wesentlich dazu beigetragen, die Region bekannt und für den um 1900 einsetzenden Tourismus interessant zu machen. Löns trat auch schon früh dafür ein, die wenigen verbliebenen Heideflächen vor weiterer Zerstörung zu bewahren.

Niedersachsen

Die Maler und Bildhauer in Worpswede ließen sich von der herben Landschaft des Teufelsmoors und dem kargen Leben ihrer bäuerlichen Bewohner inspirieren und gründeten hier Ende des 19. Jahrhunderts mit gleichgesinnten eine Künstlerkolonie, zu der auch die berühmte Malerin Paula Modersohn-Becker gehörte. Mittelpunkt war der von Heinrich Vogeler 1895 erworbene und im Jugendstil umgebaute Barkenhoff.

Die gut erhaltenen Bürgerhäuser Lüneburgs zeigen den einstigen Reichtum der tausendjährigen Hansestadt. Hier ein Blick vom Lüneburger Stintmarkt über die Ilmenau auf die Lüner Mühle und den alten Kran, der schon 1346 erstmals erwähnt wird und seitdem immer wieder technisch verbessert und erneuert wurde. Mit seiner Hilfe wurde das Salz zum Transport auf dem Wasserweg auf die Schiffe verladen.

Stade spielte einst als Handels- und Hansestadt mit Zugang zur Elbe eine bedeutende Rolle. Der alte Hafen an der Schwinge hat seine Funktion längst eingebüßt, bietet aber nach wie vor einen malerischen Anblick. Im 1692 erbauten Schwedenspeicher (rechts im Hintergrund) widmet sich ein Museum der Geschichte der Region.

Celle, die planmäßig angelegte Fachwerkstadt am Rande der Lüneburger Heide, war bis Anfang des 18. Jahrhunderts die Residenz der Fürsten von Braunschweig-Lüneburg. Davon zeugt noch heute das auf einem Hügel erbaute Schloss, dass im 16. und 17. Jahrhundert repräsentativ ausgebaut wurde. Besonders sehenswert sind darin die Schlosskapelle, das älteste deutsche Theater und die Wohnräume der nach Celle verbannten dänischen Königin Karoline Mathilde.

Niedersachsen

Im Hannoverschen Wendland, im Nordosten Niedersachsens, haben sich viele Beispiele einer besonderen Dorfform erhalten: des Rundlings, bei dem alle bäuerlichen Höfe kreisförmig angeordnet sind und ihre Giebelfront einem in der Mitte gelegenen Dorfplatz zuwenden. Diese Dorfgestalt wird auf die slawischen Wenden zurückgeführt, die sich im hohen Mittelalter hier ansiedelten. Satemin bei Lüchow hat seine ursprüngliche Gestalt besonders gut bewahrt. Die in Fachwerk gebauten Häuser stammen aus der ersten Hälfte des 19. Jahrhunderts. Einige von ihnen haben den für das Wendland typischen „Wendenknüppel" als Giebelzier.

Niedersachsen

Hannover ist die Landeshauptstadt Niedersachsens. Wer mit dem Fahrstuhl in die Kuppel des „neuen", wilhelminischen Rathauses (fertiggestellt 1913) fährt, hat einen herrlichen Blick über den Maschsee und die grüne Stadt an der Leine. Es symbolisiert mit seiner schlossartigen Gestalt das Selbstbewusstsein und den Bürgerstolz der zur Industriemetropole aufgestiegenen einstigen Residenzstadt.

Kurfürstin Sophie von Hannover ließ 1682 bis 1714 mit den Herrenhäuser Gärten eine der schönsten Barockgartenanlagen der Welt entstehen. Das Universalgenie Gottfried Wilhelm Leibniz gab dem Gelände den mathematisch exakten Grundriss.

Der Große Garten in Herrenhausen bietet einen stilvollen Rahmen für Festspiele, Musik- und Theateraufführungen und lockt jährlich viele Tausend Besucher nach Hannover.

Niedersachsen

An die bedeutende Zeit Goslars als alte Kaiserstadt erinnert die größenteils im 19. Jahrhundert erneuerte Kaiserpfalz, vor der die Reiterstandbilder des Staufers Friedrich Barbarossa und des Hohenzollern Wilhelm I. die Wache übernommen haben. Der Gebäudekomplex ist einer der größten Profanbauten des Mittelalters, dessen Grundstein Heinrich III. im 11. Jahrhundert legte. Das Silbererz machte Goslar damals zur ersten Stadt des Reiches.

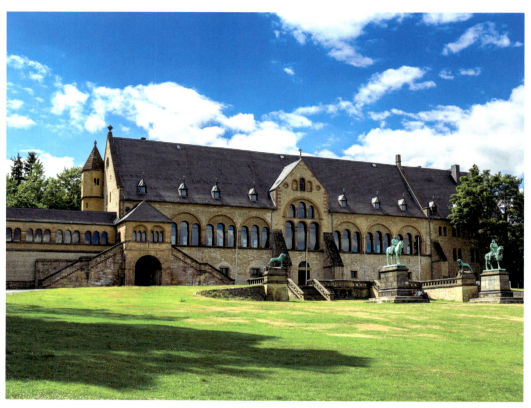

Das „Gänseliesl" gilt als das meistgeküsste Mädchen der Welt, da es jeder Student nach dem Examen küssen muss. Seit dem Jahre 1901 schmückt sie den Marktbrunnen der alten Universitätsstadt Göttingen.

Hildesheim besitzt neben einem tausendjährigen Rosenstock, dem romanischen Dom und der ottonischen Pfarrkirche St. Michael einen der schönsten mittelalterlichen Marktplätze. Das im Zweiten Weltkrieg zerstörte Knochenhaueramtshaus aus dem 16. Jahrhundert (Bildmitte) wurde Ende der 1980er-Jahre originalgetreu neu errichtet und beherbergt ein Museum zur Stadtgeschichte.

Niedersachsen

Niedersachsen

Das Landschaftsbild des Harzes ist äußerst vielseitig. Eine der eindrucksvollsten Szenerien bildet das wildromantische Tal der Oker oberhalb des gleichnamigen Orts. Es ist tief in die Hochlagen des Oberharzes eingeschnitten, von Steilhängen und Klippen gesäumt und steht unter Naturschutz.

Schloss Hämelschenburg ist eines der Hauptwerke der Weserrenaissance. Jürgen von Klencke erbaute es ab 1588. Noch heute ist es im Besitz der Familie. Die Gesamtanlage mit Wirtschaftshof und Gutskapelle und die Inneneinrichtung vermitteln ein eindrucksvolles Bild von der Adelskultur der frühen Neuzeit.

Niedersachsen

Das Wasserschloss Bückeburg war Residenz der Grafschaft Schaumburg, seit 1646 des Fürstentums Schaumburg-Lippe. Aus dem Mittelalter stammt noch der ehemalige Bergfried; das Gesamtbild wird heute durch zahlreiche An- und Umbauten in Renaissance, Barock und Neuzeit bestimmt. Nicht nur Schloss und Park sind sehenswert, sondern auch die Stadt und ihre Umgebung.

Das Benediktinerkloster Bursfelde an der Weser wurde 1093 von den Grafen von Northeim gestiftet. Die lutherische Reformation führte 1589 zur Auflösung des Konvents.

Die Hamelner Altstadt wurde in den letzten Jahrzehnten vorbildlich saniert. Dabei blieben die historischen Fassaden der Bürgerhäuser aus vier Jahrhunderten weitgehend erhalten. Besondere Akzente setzen die Bauten der Weserrenaissance wie Hochzeitshaus und Rattenfängerhaus. Der Rattenfängerbrunnen (Foto) in Hameln nimmt Bezug auf die Sage vom Auszug der Hamelner Kinder. Im Sommer präsentieren Hamelner Bürger und Kinder das legendäre Geschehen auf einer Freilichtbühne.

96 Die Weser, Niedersachsens größter Strom, hat ihre frühere Bedeutung als Schifffahrtsstraße weitgehend eingebüßt. Ihren Namen trägt sie erst ab Hannoversch-Münden, wo ihre beiden großen Quellflüsse, Werra und Fulda, sich vereinigen. Die Werra, der längere Quellfluss, entspringt in Thüringen, die Fulda hat ihre Quelle in der hessischen Rhön.

Niedersachsen

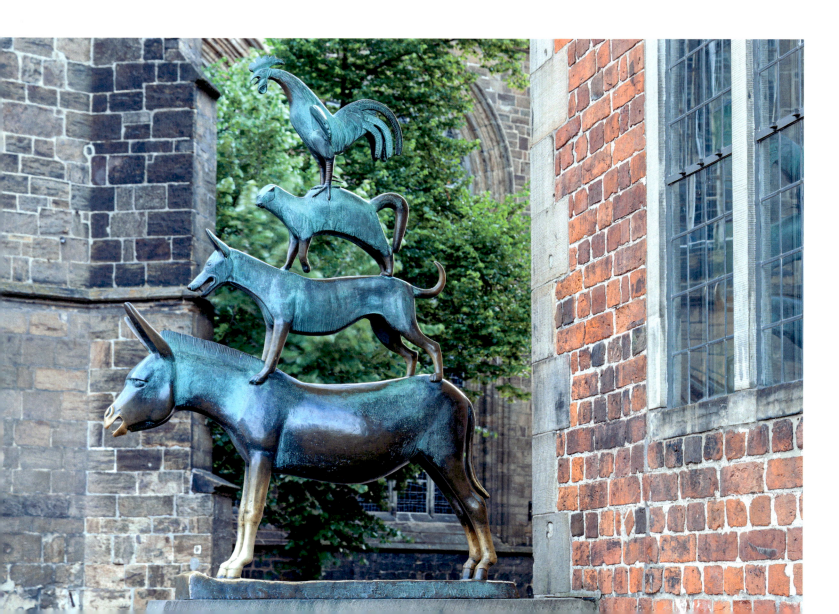

Bremen

Zu den Wahrzeichen der Wesermetropole gehören die Bremer Stadtmusikanten neben dem Rathaus. Obwohl Esel, Hund, Katze und Hahn die Stadt nie erreichten, ließen die Bremer Ratsherren die Grimmschen Märchenfiguren vom Bildhauer Gerhard Marcks in Bronze gießen.

Schmuckstück des Bremer Marktplatzes ist das historische Rathaus mit der Fassade im Stil der Weserrenaissance. Daneben erhebt sich der St.-Petri-Dom, rechts davon auf dem historischen Gelände der einstigen Börse die moderne Glasfassade des Bremer Landesparlaments, der „Bürgerschaft".

Bremen

Der Roland von Bremen blickt seit mehr als sechshundert Jahren auf den Marktplatz. Die Rittergestalt in Rüstung symbolisiert das Marktrecht.

Fast 40 Meter lang und 30 Meter breit ist die obere Halle des Bremer Rathauses. In acht Metern Höhe wird der heutige Festsaal von einer bemalten Balkendecke überspannt. „Heiligtum bremischen Bürgerstolzes" nennen Historiker diesen beeindruckenden Raum. In dem Erker (links) befindet sich die mit kunstvoller Schnitzerei verzierte zweigeschossige Güldenkammer.

Der Bremer Dom St. Petri ist auf einer einstigen Düne erbaut worden. Der ursprünglich aus Sandstein und Backstein errichtete romanische Kirchenbau stammt aus dem 11. Jahrhundert und wurde seit dem 13. Jahrhundert im Stil der Gotik verändert. Im 14. Jahrhundert gab es Erweiterungen und seitliche Kapellen. Die barocke Kanzel (Foto) erhebt sich am mittleren Pfeiler der nördlichen romanischen Arkade des Hauptschiffs und datiert von 1641.

Bremen

Die Böttcherstraße ist das Werk des Kaffeekaufmanns Ludwig Roselius, der sie Anfang des 20. Jahrhunderts erwarb. Für die ungewöhnliche Architektur aus den 1920er Jahren zeichnet vor allem der Bildhauer und Baumeister Bernhard Hoetger verantwortlich.

Blick von der Weser auf den Großsegler Alexander von Humboldt und die Kirche Unserer Lieben Frauen. Im Hintergrund sind die Türme des St.-Petri-Doms zu erkennen.

Die Mühle auf der Gießhausbastion ist die letzte erhaltene von einst zwölf Mühlen, die noch 1796 auf den Wällen standen. Die aus den Jahren 1602 bis 1604 stammenden Bastionen und Gräben wurden bereits 1803 in Promenaden umgewandelt. Die heutigen Wallanlagen stellen eine grüne Lunge des Großstadtzentrums dar.

Im Schnoorviertel mit seinen bis zu fünfhundert Jahre alten Häusern treffen sich Bremer und Bremen-Besucher zum gemütlichen Plausch und zum Einkaufen in den zahlreichen Kunst- und Kunsthandwerkerläden.

Bremen

Die neue Skyline von Bremerhaven wird geprägt vom Atlantic Hotel Sail City, das einen besonderen Blick auf die Weser bietet. Davor das wie ein Bootsrumpf geformte Klimahaus Bremerhaven, die größte Wissens- und Erlebniswelt zu diesem Thema. Das Klimahaus wurde am 25. Juni 2009 durch den irischen Musiker und Menschenrechtsaktivisten Bob Geldorf eröffnet. Die Ausstellungsfläche umfasst 11 500 Quadratmeter. Neun Reisestationen in acht Ländern stellen die unterschiedlichen Klimazonen der Erde dar. Diese weltweit einzigartige Wissens-und Erlebniswelt wurde als „herausragender Ort für Bildung und nachhaltige Entwicklung" mehrfach ausgezeichnet.

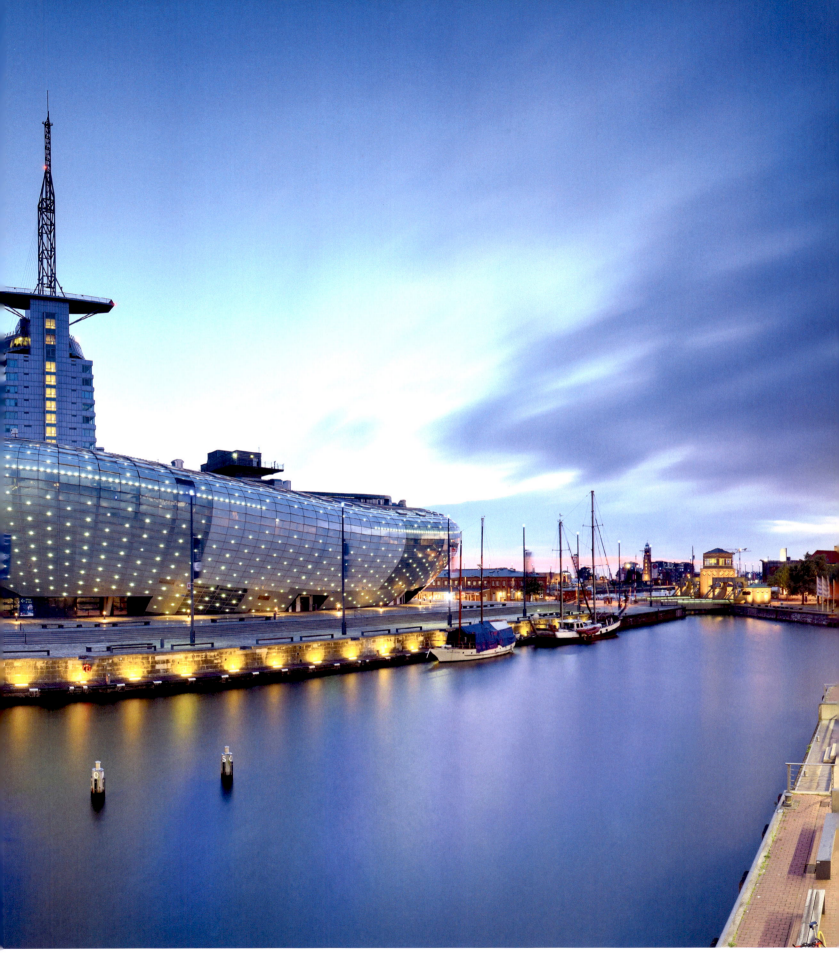

Bremen

Das Containerterminal Bremerhaven verfügt über eine der längsten zusammenhängenden Kaianlagen der Welt und zählt zu den 25 größten Containerhäfen. Hier können auch riesige Containerschiffe weitgehend tideunabhängig anlegen.

Bremen

Seit 1900 steht dieser architektonisch reizvolle Leuchtturm an der Ostseite der Bremerhavener Kaiserschleuse. Er heißt Pingelturm, weil er mit einer kleinen Nebelschallglocke versehen ist.

Das Auswandererhaus Bremerhaven wurde 2005 eröffnet. Sein Hauptthema ist die Auswanderung Deutscher in die USA. Die Besucher können die einzelnen Stationen einer Emigration verfolgen.

lang die Residenz der mecklenburgischen Herzöge und Großherzöge. Das im Stadtzentrum gelegene Bauwerk ist das bekannteste und prächtigste der über zweitausend Schlösser und Herrenhäuser in Mecklenburg-Vorpommern und gilt als eines der bedeutendsten Beispiele des romantischen Historismus in Europa.

112

Mecklenburg-Vorpommern

Eine 270 Meter lange Lindenallee führt auf Schloss Bothmer zu. Der barocke Backsteinbau liegt unweit des Ostseebades Boltenhagen und ist eine der größten Schlossanlagen in Mecklenburg-Vorpommern. Das Schloss wurde nach englischen und niederländischen Vorbildern für den in Diensten des englischen Königshauses stehenden Reichsgrafen Hans Caspar von Bothmer von 1726 bis 1732 als Stammsitz seiner Familie erbaut. Zusammen mit zahlreichen benachbarten Gütern befand es sich über 200 Jahre im Eigentum der Bothmer. Nach dem Zweiten Weltkrieg wurde der Besitz enteignet. Nachdem ein privater Investor nach der Wende ein geplantes Nutzungskonzept nicht umsetzen konnte, ging es in das Eigentum des Landes Mecklenburg-Vorpommern über und wurde aufwendig saniert. Im Mai 2015 wurde das Schlossmuseum eröffnet.

Seit 1878 warnt der hoch gelegene Leuchtturm Buk beim Ostseebad Rerik die Schiffer vor Untiefen in der Wismarer Bucht. Der Leuchtturm erreicht eine Höhe von 21 Metern und steht auf einer Landspitze zwischen Rerik und Kühlungsborn – 78 Meter über dem Meeresspiegel. Nach dem Aufstieg wird dem Besucher eine wunderschöne Aussicht auf die Region geboten. Bei klarem Wetter sind sogar die Insel Fehmarn und einzelne dänische Inseln sichtbar. Aufgrund der technischen Entwicklung gibt es keinen Leuchtturmwärter mehr.

Treppengiebel und Fachwerkhäuser prägen die Silhouette der alten Hansestadt Wismar. Besondere Attraktion des großen Marktplatzes ist die Wasserkunst, ein zwölfeckiger Pavillon mit geschwungenem Kupferdach.

Mecklenburg-Vorpommern

Ein imposantes Ensemble weißer Logier-, Bade- und Gesellschaftshäuser entstand seit Ende des 18. Jahrhunderts in Heiligendamm, dem ersten deutschen Seebad. Der Ort wird aufgrund der von der See aus sichtbaren weißen Häuserreihe in Strandnähe auch die „Weiße Stadt am Meer" genannt. Durch den G8-Gipfel im Juni 2007 erlangte Heiligendamm internationale Bekanntheit.

Die Seebrücke ist das Wahrzeichen von Kühlungsborn. Sie wurde 1991 als erste Brücke nach der Wiedervereinigung Deutschlands fertiggestellt. Kühlungsborn ist eines der wichtigsten Seebäder an der mecklenburgischen Ostseeküste. Mit 3150 Metern Länge verfügt der Ort über eine der längsten Strandpromenaden Deutschlands. Der breite Sandstrand zieht sich über etwa sechs Kilometer hin.

Mecklenburg-Vorpommern

Vom jenseitigen Ufer der Warnow aus ist der Blick auf Rostocks Stadtsilhouette besonders attraktiv. Der Backstein der St. Marien (rechts)- und Petrikirche (links), die alten Speicher und die im Stil alter Kaufmannshäuser neu erbauten Wohnhäuser bilden mit ihren kräftigen Rottönen einen Kontrast zum Blau des Wassers. Die Hansestadt an der Warnow erhielt 1218 das Lübsche Stadtrecht und war seit 1283 Mitglied der Hanse. Das Stadtgebiet erstreckt sich über rund 16 Kilometer auf beiden Seiten des Flusses bis zur Mündung in die Ostsee im Stadtteil Warnemünde. Geprägt wird Rostock durch seine Lage am Meer, seinen Hafen sowie die Universität, die bereits 1419 gegründet wurde. Die seit 1991 stattfindende „Hanse Sail" hat sich zu einer der großen maritimen Veranstaltungen im Ostseeraum entwickelt.

Der sogenannte „Teepott" gehört zu den Wahrzeichen des Seebads Warnemünde, einem Stadtteil von Rostock. Der 1968 errichtete Rundbau ist ein beliebter Treffpunkt. Dahinter der 37 Meter hohe Leuchtturm, der an der Mündung der Warnow in die Ostsee steht. Warnemünde wurde 1195 erstmals in dänischen Urkunden erwähnt. Seit 1323 gehört die Stadt zu Rostock. Für Jahrhunderte war sie vor allem ein kleiner Hafen- und Fischerort, bis um 1821 der touristische Badebetrieb begann. Mit seinem bis zu 150 Meter breiten Sandstrand verfügt das Seeheilbad über das breiteste Meerufer der deutschen Ostseeküste.

Mecklenburg-Vorpommern

Mecklenburg-Vorpommern

Idyllisch liegt Schloss Ulrichshusen am gleichnamigen See im nördlichen Teil der Mecklenburger Seenplatte. Die ehemalige Burg aus dem Jahr 1562 war zu DDR-Zeiten unter anderem eine Vergnügungsstätte und ein „Konsum"-Geschäft. Heute kann man in den alten Gemäuern nächtigen, speisen und feiern. Die Mecklenburgische Seenplatte oder auch Mecklenburger Seenplatte ist eine wasserreiche Jungmoränenlandschaft, die sich in einem nach Südosten gebogenen, rund 240 Kilometer langen und nur um 30 Kilometer breiten Streifen vom Ostrand Lübecks über Schwerin, das Großseengebiet um die Müritz und das Kleinseengebiet um Neustrelitz bis Eberswalde zieht.

Die Häuser auf dem Hohen Ufer von Ahrenshoop sind durch den unaufhaltsamen Küstenrückgang gefährdet. An diesem stillen Ort auf der Halbinsel Fischland, Darß und Zingst war Ende des 19. Jahrhunderts auf Initiative des Malers Paul Müller-Kaempff eine Künstlerkolonie entstanden.

Zu den unvergleichlichen Naturschauspielen auf Fischland, Darß und Zingst gehören laut trompetence Kraniche, die eine V-förmige Flugformation bilden. Besonders viele Vögel kann man hier im Spätsommer und Herbst beobachten.

Der Leuchtturm Darßer Ort liegt an der nordwestlichen Spitze der Halbinsel Fischland, Darß und Zingst. Die ihn umgebenden Bäume machen klar, woher hier der Wind weht.

Auf der Halbinsel Fischland, Darß und Zingst nutzen einige Fischer wie seit Jahrhunderten die traditionellen Zeesboote, die sich aufgrund ihres geringen Tiefgangs für die flachen Küstengewässer, die Bodden, besonders gut eignen. Der Name leitet sich von dem eingesetzten Fanggeschirr, der Zeese, ab.

Mecklenburg-Vorpommern

Mecklenburg-Vorpommern

Der Dichter Gerhart Hauptmann ernannte die 18 Kilometer lange Insel Hiddensee zum „geistigsten aller deutschen Seebäder". Der Schriftsteller kam 1885 von Rügen aus zum ersten Mal auf die langgestreckte Insel. Viele weitere Besuche folgten. 1930 kaufte er in dem Örtchen Kloster als Sommersitz Haus Seedorn, das noch heute eine Gedenkstätte ist. Die für die Insel typische Grashügellandschaft erstreckt sich vom fast 70 Meter hohen Dornbusch nördlich von Kloster, auf dem auch der weiß gestrichene Leuchtturm (Foto) steht, bis zum ausgedehnten Vogelschutzgebiet Gellen am Südzipfel der Insel.

Mecklenburg-Vorpommern

Die Kreidefelsen sind Wahrzeichen der Insel Rügen. Das weiße Gestein färbt das Wasser türkis. Der Maler Caspar David Friedrich machte sie durch seine Gemälde berühmt. Rügen ist die größte Insel Deutschlands und durch den Rügendamm und die Rügenbrücke über den zwei Kilometer breiten Strelasund mit dem Festland verbunden. Seine Küste ist durch zahlreiche Meeresbuchten und Lagunen (Bodden und Wieke) sowie vorspringende Halbinseln und Landspitzen stark zergliedert. Im Juni 2011 verlieh die UNESCO dem für seinen gewaltigen Buchenbestand und die weißen Kreidefelsen bekannten Nationalpark Jasmund auf Rügen den Status des Weltnaturerbes.

130 Die Hansestadt Stralsund ist vom Meer geprägt. Vom Selbstbewusstsein der Stralsunder Kaufleute zeugt, dass den unteren Teil des Rathauses die Wappen der sechs wichtigsten Handelsstädte zieren. Hinter der Schmuckfassade aus dem 15. Jahrhundert ist einer der massigen Türme der stolzen Nikolaikirche zu erkennen.

Mecklenburg-Vorpommern

Mecklenburg-Vorpommern

Auf Pfählen in die Ostsee gebaut ist die 280 Meter lange Seebrücke von Ahlbeck, eines der drei sogenannten Kaiserbäder der Insel Usedom, direkt an der Grenze zu Polen gelegen. Die Insel, die größtenteils zu Deutschland gehört, liegt in der Pommerschen Bucht. Durch den Peenestrom und das Stettiner Haff ist sie vom Festland getrennt und durch die Swine von der Nachbarinsel Wolin. Charakteristisch für das Eiland ist der feine Sandstrand, der sich von Swinemünde über 42 Kilometer bis nach Peenemünde erstreckt. Die drei Kaiserbäder Ahlbeck, Heringsdorf und Bansin sind besonders durch ihre Bäderarchitektur geprägt. Zusammen mit dem zu Polen gehörenden Swinemünde sind sie durch die längste Strandpromenade Europas verbunden, die sich auf einer Länge von über 12 Kilometern über die vier Seebäder erstreckt.

134

Brandenburg

„Es schwelgt in freien Sichten", schwärmte Friedrich II. (der Große) von Sanssouci in Potsdam, seiner geliebten Sommerresidenz. Das kleine Schloss, von 1745 bis 1747 errichtet, wird als „Juwel des Friderizianischen Rokoko" gepriesen und ist eine weltberühmte Attraktion. Eine Fülle von Statuen schmückt den Park. Die Hauptwerke der zeitgenössischen Plastik kamen 1750 nach Potsdam. Venus und Merkur (Foto) mit dem Flügelhut von Jean Baptiste Pigalle und die beiden Gruppen Die Luft und Das Wasser von Lambert Sigisbert Adam waren Staatsgeschenke des französischen Königs Ludwig XV. an Friedrich II. Alle vier wurden unterhalb der Weinbergterrassen aufgestellt.

Das Marmorpalais am Heiligen See bei Potsdam diente dem preußischen König Friedrich Wilhelm II. Ende des 18. Jahrhunderts als Sommerschloss. Die Architekten Carl von Gontard, Carl Gotthard Langhans und Michael Philipp Boumann errichteten es im frühklassizistischen Stil in den Jahren 1787 bis 1793 und 1797 in einem von Johann August Eyserbeck angelegten englischen Park. Auf das aus rotem Backstein errichtete Marmorpalais wurde ein Rundtempel gesetzt, der der schönen Aussicht diente. Über eine große Terrasse an der Seeseite des Schlosses mit seitlichen Freitreppen, die bis zum Wasser reichen, gelangte die Hofgesellschaft zu den Bootsanlegestellen. Der König unternahm gern ausgedehnte Bootsfahrten.

Brandenburg

Das Holländische Viertel in Potsdam, ein beliebtes Wohnquartier, wurde zwischen 1733 und 1742 von dem Amsterdamer Baumeister Johann Boumann angelegt. Unter dem „Soldatenkönig" Friedrich Wilhelm I. wurde das Viertel, das aus 134 Ziegelsteinhäusern besteht, geplant und die beiden westlichen Karrees gebaut. Nach dessen Tod im Jahr 1740 ließ sein Sohn und Nachfolger Friedrich II. (der Große) das Ensemble weitgehend nach den Plänen seines Vaters fertigstellen.

Der Alte Markt in Potsdam bildet den historischen Kern der Stadt. Rechts das Stadtschloss, Sitz des Brandenburger Landesparlaments, links der von 2013 bis 2016 rekonstruierte klassizistisch-barocke Palast Barberini, der ein Museum beherbergt. Die Ausstellungsthemen reichen von den Alten Meistern bis zur zeitgenössischen Kunst, ein Schwerpunkt liegt auf dem Impressionismus.

138 Sonnenaufgang über dem Lübbesee bei Templin in der Uckermark. Das zwölf Kilometer lange schmale Gewässer liegt am Rand der Schorfheide, einem überwiegend geschlossenen Waldgebiet im Norden Brandenburgs. Hier gingen einst Könige und Staatsoberhäupter – unter anderem auch die ehemalige DDR-Prominenz – zur Jagd, deshalb blieb die Gegend von Rodungen weitgehend verschont.

Brandenburg

Blick auf Schloss Rheinsberg (1736) am Grienericksee. Schloss und See sind Schauplatz eines der schönsten deutschen Liebesromane, „Rheinsberg", von Kurt Tucholsky (1890–1935). Das Schloss liegt in der Gemeinde Rheinsberg, etwa 100 Kilometer nordwestlich von Berlin, gilt als Musterbeispiel des sogenannten Friderizianischen Rokokos und diente auch als Vorbild für Schloss Sanssouci in Potsdam.

Das Barockschloss Meseberg am Huwenowsee 70 Kilometer nördlich von Berlin wird heute von der Bundesregierung als Gästehaus und für Kabinettsklausuren genutzt.

Über das Zisterzienserkloster Chorin schrieb Theodor Fontane: „Wer ... plötzlich zwischen den Pappeln hindurch einen still einsamen Prachtbau halb märchenhaft, halb gespenstisch auftauchen sieht, dem ist das Beste zuteil geworden."

Das Kloster wurde 1258 von askanischen Markgrafen gegründet. Zwischen der 1542 erfolgten Säkularisation und dem beginnenden 19. Jahrhundert war das Kloster dem Verfall preisgegeben. Dann begann unter der Leitung von Karl Friedrich Schinkel die Sicherung der Ruinen und die teilweise Rekonstruktion der Gebäude. Heute ist Chorin ein die Backsteingotik repräsentierendes Baudenkmal.

Brandenburg

142 Frühe Abendstimmung am Neuruppiner See. Blick auf die 1246 erbaute Klosterkirche St. Trinitatis. In Neuruppin, der „preußischsten aller preußischen Städte", wurde 1819 der Schriftsteller Theodor Fontane geboren.

Brandenburg

Mittelalterliche Geschichte in Prenzlau, Uckermark: links der Mitteltorturm der zum Teil erhaltenen Stadtmauer, rechts die gotische Marienkirche. Das Gotteshaus ist vor allem wegen seiner prächtigen östlichen Schaufassade bekannt.

Das Schiffshebewerk Niederfinow nordöstlich von Berlin liegt am östlichen Ende des Oder-Havel-Kanals und überwindet einen Höhenunterschied von 36 Metern. Das am 21. März 1934 in Betrieb genommene Schiffshebewerk ist das älteste noch arbeitende Deutschlands. Im Dezember 2007 erhielt es die von der Bundesingenieurkammer erstmals verliehene Auszeichnung Historisches Wahrzeichen der Ingenieurbaukunst in Deutschland. Parallel zum bisherigen Hebewerk wird das Schiffshebewerk Niederfinow Nord, das für größere Schiffe geeignet ist, errichtet. Das neue Hebewerk (rechts im Bild) soll das alte spätestens ab 2025 ersetzen.

Brandenburg

Das Ende des 18. Jahrhunderts errichtete Schloss Neuhardenberg in der Märkischen Schweiz wurde 1820 bis 1823 von Karl Friedrich Schinkel klassizistisch umgebaut, der auch die daneben liegende Kirche entwarf. Nachdem der Staatskanzler Karl August von Hardenberg 1822 verstorben war, wurde sein Herz auf seinen Wunsch im Altar der Kirche bestattet. Die Neugestaltung des Landschaftsgartens erfolgte unter Federführung von Fürst Pückler-Muskau und Peter Joseph Lenné. Heute gehört es einer Stiftung, die dort auch ein Schlosshotel betreibt.

Brandenburg

Das im Mittelalter gegründete Kloster Neuzelle bei Eisenhüttenstadt in der Niederlausitz wurde im 17. Jahrhundert teils von italienischen Künstlern prächtig barockisiert. Vor allem die Klosterkirche beeindruckt durch ihre Wand- und Deckenmalereien sowie Altarbilder.

Schloss Oranienburg an der Havel zählt zu den schönsten Barockbauten von Brandenburg. Ab 1689 wurde Oranienburg eine der bedeutendsten Schloss-, Garten- und Stadtanlagen in der Mark Brandenburg. Es entstand ein Gebäudekomplex, der von italienischer und französischer Barockarchitektur beeinflusst war. Das Bauwerk diente zwischen 1933 und 1945 unter anderem als Kaserne der SS-Wachmannschaften für das nahe KZ Sachsenhausen.

Der 1822 in den Fürstenstand erhobene Fürst von Pückler-Muskau war nicht nur Generalleutnant, Landschaftsarchitekt, Schriftsteller und Weltreisender, sondern auch ein bekanntes Mitglied der gehobenen Gesellschaft seiner Zeit. 1812 bereiste er das erste Mal England, wo er angesichts der dortigen Parks seine Berufung zum Gartenkünstler entdeckte. Da er sich mit der Anlage seines ersten Parks in Muskau finanziell übernommen hatte, zog er auf sein Erbschloss Branitz bei Cottbus. Dort ließ er einen englischen Landschaftsgarten anlegen, in dem er eine Seepyramide, „Tumulus" genannt, als Grabstätte errichtete. Dort wurden auch seine sterblichen Überreste 1871 beigesetzt.

Brandenburg

Der Spreewald bietet ein für Mitteleuropa einzigartiges Landschaftsbild. Er ist geprägt von einem weitverzweigten Geflecht von Flussverästelungen, das die ungefähr 50 Kilometer lange und bis zu 15 Kilometer breite Niederung durchzieht. Noch immer ist der Kahn ein wichtiges Verkehrsmittel und darüber hinaus eine Attraktion für Besucher.

Brandenburg

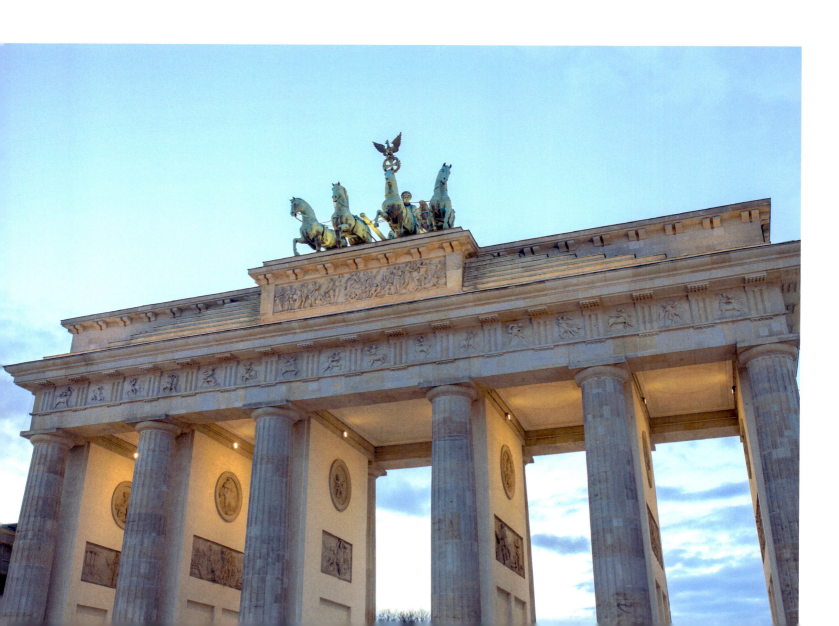

Berlin

Das 1788 bis 1791 am Pariser Platz errichtete Brandenburger Tor ist das letzte erhaltene von ehemals 14 Stadttoren in Berlin. Der von Carl Gotthard Langhans entworfene Monumentalbau wurde 1794 mit der von Johann Gottfried Schadow gestalteten Quadriga gekrönt.

Das Reichstagsgebäude, das 1894 errichtet wurde, ist seit 1999 wieder das Zentrum deutscher Politik und Sitz des Deutschen Bundestags. Rechts das Paul-Löbe-Haus, das sich am Südrand des Spreebogenparks befindet. Es ist nach dem Reichstags- und Alterspräsidenten des ersten deutschen Bundestags benannt. In dem von dem Münchner Architekten Stephan Braunfels entworfenen Bau sind Sitzungssäle für Ausschüsse und Büros für Abgeordnete untergebracht.

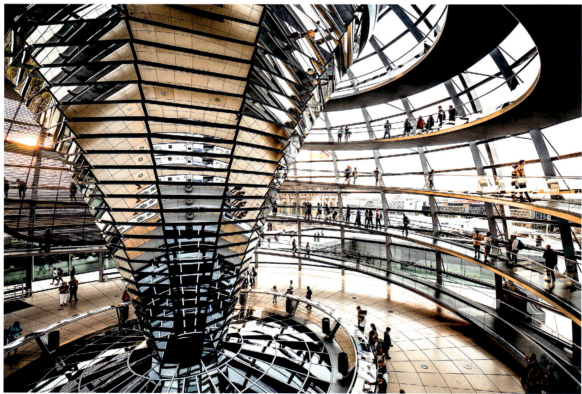

Was sich in der Kuppel des Reichstagsgebäudes so fotogen zeigt, ist ausgeklügelte Haustechnik: 360 Spiegel lenken Tageslicht in den zehn Meter tiefer gelegenen Plenarsaal.

Ein demokratisches „Band des Bundes" hatte Architekt Axel Schultes um das neue Bundeskanzleramt geplant, realisiert wurde ein Monument, eine 36 Meter hohe Regierungszentrale, im Mai 2001 bezogen. Vor dem Bau die Skulptur (links) des baskischen Bildhauers und Zeichners Eduardo Chillida (1924–2002).

Berlin

Das in der Nähe des Brandenburger Tors errichtete „Holocaust-Mahnmal" erinnert an die unter der Nationalsozialistischen Herrschaft ermordeten Juden. Der Entwurf des von 2711 Betonquadern geprägten Denkmals stammt von Peter Eisenman.

Berlin war spätestens seit dem 18. Jahrhundert und bis zu den Greueln des Holocaust immer auch eine jüdische Stadt. Erst 1991 wurden dem Fassadenbau der im Krieg zerstörten Neuen Synagoge in der Oranienburger Straße wieder die weithin leuchtenden Kuppeln aufgesetzt.

Die Synagoge ist ein Gebäude von herausragender Bedeutung für die Geschichte der Juden in Berlin und ein wichtiges Baudenkmal. Sie wurde 1866 eingeweiht. Die Architekten waren Eduard Knoblauch und Friedrich August Stüler. Der noch vorhandene Teil des Bauwerks steht unter Denkmalschutz. Nach Restaurierungen wurde die Synagoge 1995 wiedereröffnet.

Die einzigartige Akustik und musikalisch-architektonische Beschwingtheit der in den 1960er Jahren von Hans Scharoun entworfenen Philharmonie werden weltweit gerühmt. Bei der Eröffnung hatte die Philharmonie, die Heimstätte der Berliner Philharmoniker, noch nicht die „goldene Außenhaut", die heute die Fassade verkleidet. Zwar hatte Scharoun eine Fassadenverkleidung geplant, aus Kostengründen wurde diese jedoch zunächst nicht umgesetzt und die Betonfassade erhielt stattdessen lediglich einen provisorischen ockerfarbenen Anstrich. Der Saal der Philharmonie bietet 2250 Sitzplätze, ist asymmetrisch und zeltartig und basiert im Grundriss auf dem Prinzip dreier ineinander versetzter Fünfecke, die bis heute als Logo der Berliner Philharmoniker fungieren.

Berlin

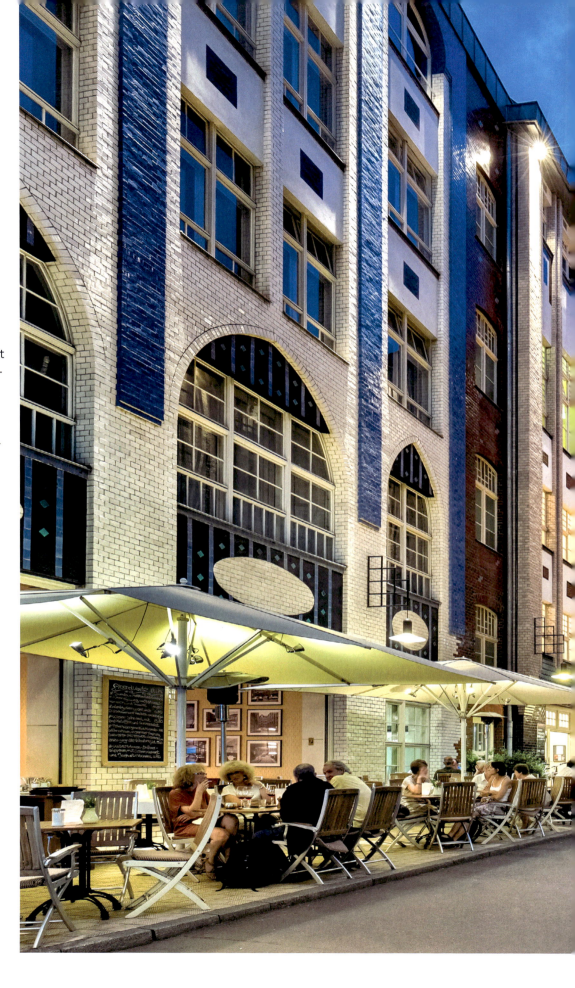

160 Acht Höfe in Berliner Bautradition: Vorderhaus, Seitenflügel, Quergebäude. Was die Hackeschen Höfe zum Besonderen macht, ist die aufwendige Jugendstil-Gestaltung des ersten Hofes mit bunten Klinkermustern. Längst sind die Hackeschen Höfe kultureller Mittelpunkt und Touristenattraktion.

Berlin

In wenigen Jahren ist am Potsdamer Platz, dem historischen Mittelpunkt Berlins, mit dem Sony Center ein lebendiges, städtisches Ensemble entstanden. Eine ovale Stahlseil- und Stahlkonstruktion, entworfen von dem deutsch-amerikanischen Stararchitekten Helmut Jahn, scheint wie ein Schirm über der zentralen Plaza zu schweben.

Die Mauer teilte Berlin nicht nur 28 Jahre auf einer Länge von 48,1 Kilometern – sie trennte auch die östliche von der westlichen Welt. Nach 1989 hat sie ihren Schrecken schnell verloren. Heute ist sie nur noch an wenigen Stellen erhalten. Für Künstler sind die verbliebenen Betonreste immer wieder eine Aufforderung zur Kreativität, die auch genutzt wird.

Derart spektakulär zeigt sich der Himmel über Berlin nicht tagtäglich. Der 368 Meter hohe, 1969 fertiggestellte Fernsehturm am Alexanderplatz ist das bei weitem höchste Gebäude der Hauptstadt und steht im Zentrum Berlins.

Mit über einer Million Besuchern zählt er zu den zehn beliebtesten Sehenswürdigkeiten Deutschlands. Vom nationalen Symbol der DDR entwickelte er sich nach der deutschen Wiedervereinigung zum gesamtstädtischen Symbol im geeinten Berlin.

Berlin

Die Alte Nationalgalerie (Foto) bildet zusammen mit dem Alten und Neuen Museum, dem Bode-Museum, dem Pergamonmuseum, der James-Simon-Galerie, dem Berliner Dom und dem Lustgarten den Komplex der Berliner Museumsinsel und ist damit auch Weltkulturerbe der UNESCO. Sie wurde im Auftrag von König Friedrich Wilhelm IV. ab 1862 von Friedrich August Stüler geplant und ab 1876 im Stil des Klassizismus und der Neorenaissance ausgeführt. Auf der Freitreppe befindet sich das von Alexander Calandrelli geschaffene Reiterstandbild des Königs.

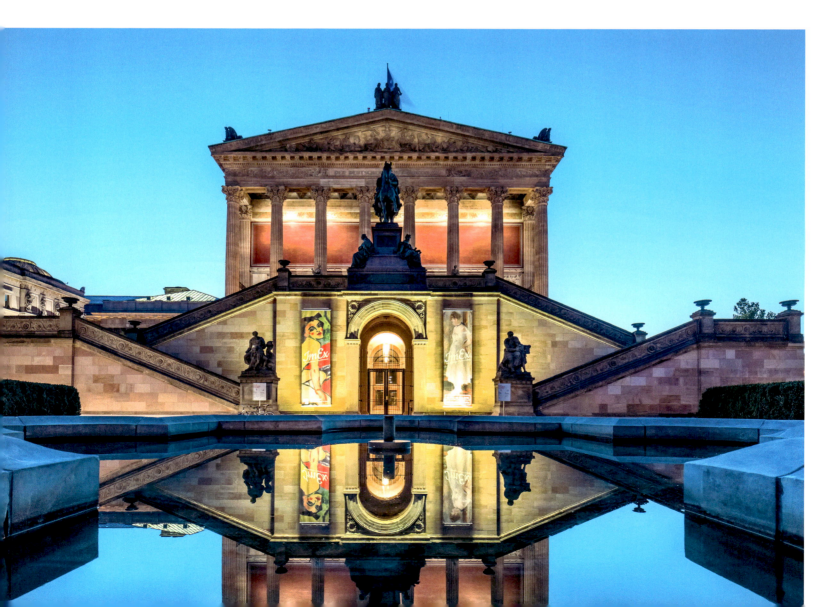

Wie ein Schiffsbug schiebt sich seit 1904 das neobarocke Bode-Museum hinter der Monbijou-Brücke in die Spree. Es beheimatet aktuell die Skulpturensammlung und das Museum für Byzantinische Kunst und damit einen der weltweit bedeutendsten Bestände an Bildwerken von der Spätantike bis zum beginnenden 19. Jahrhundert sowie das Münzkabinett.

Nach Plänen von Alfred Messel und Ludwig Hoffmann entstand von 1909 bis 1930 das älteste Architekturmuseum der Welt, das Pergamonmuseum. Eine der großen Attraktionen ist neben dem 27 Meter hohen Pergamon-Altar das Ischartor aus Babylon.

Das Neue Museum beherbergt das Ägyptische Museum mit der Büste der Nofretete sowie das Museum für Vor- und Frühgeschichte mit Objekten aus dem Schatz des Priamos.

Berlin

166 Der Fernsehturm auf dem Alexanderplatz kann dem Berliner Dom nicht die Schau stehlen. Die Grabkirche der Hohenzollern wurde ab 1894 auf Wunsch Wilhelms II. anstelle eines schlichten Kuppelbaus erichtet. Der Fernsehturm, mit 368 Metern höchstes Bauwerk der Stadt, musste im Zentrum stehen, um am Stadtrand nicht den Flugverkehr zu behindern.

Berlin

Glienicker Brücke: Agententausch und Handlungsort von Spionagefilmen – heute verbindet sie einfach Berlin mit Potsdam.

Eines der schönsten Zeugnisse preußischer Architektur ist das 1695 bis 1699 erbaute und bis 1791 erweiterte Schloss Charlottenburg. Seine Front erreicht eine Länge von 505 Metern.

Die nähere Umgebung Berlins ist grün und wasserreich. Bootsfahrten lassen sich auf der Spree, den vielen Kanälen und auch auf der Havel mit ihren Seen unternehmen. Besonders idyllisch ist es am Fleetgraben in Alt-Treptow.

169

Bei der Oberbaumbrücke wurde die Spree früher nachts durch einen Schwimmbaum gesperrt. Nichts sollte unerkannt in die Stadt gelangen.

Berlin

Sachsen-Anhalt

Die Landeshauptstadt Magdeburg spielte im Mittelalter als Zentrum der Slawenmission und Entstehungsort des „Magdeburger Rechts", verbriefter bürgerlicher Freiheiten, eine wichtige Rolle in der deutschen Geschichte. Die Türme des Doms St. Mauritius und Katharina und die Elbe geben der Stadt ihre unverwechselbare Silhouette. Im Zweiten Weltkrieg wurde Magdeburg schwer getroffen: Nach dem Luftangriff am 16. Januar 1945 waren 90 Prozent der dichtbesiedelten Altstadt stark zerstört. Die Stadt am Schnittpunkt von Elbe, Elbe-Havel und Mittellandkanal besitzt einen bedeutenden Binnenhafen und ist ein Industrie- und Handelszentrum.

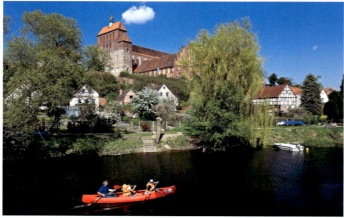

Oberhalb der Stelle, wo sich Havel und Elbe vereinen, gründete der Sachsenkaiser Otto I. um 946 das Bistum Havelberg. Wie eine Festung beherrscht der 1170 geweihte Dom Stadt, Havel und Umland.

Der insgesamt 325 Kilometer lange Mittellandkanal verbindet das Ruhrgebiet mit Berlin und im weitesten Sinne den Rhein mit der Oder. Nördlich von Magdeburg überquert die Wasserstraße die Elbe in einer 918 Meter langen Kanalbrücke, der größten Europas.

Am Zusammenfluss von Tanger und Elbe liegt Tangermünde, die erste Hauptstadt Brandenburg-Preußens. Mit Stadtmauer, Stephanskirche (links) und Burg demonstrierte bereits Kaiser Karl IV. als Kurfürst seinen Machtanspruch.

Nach Bestätigung durch König Konrad III. entsteht mit der Klosterkirche St. Marien und St. Nikolaus von Jerichow der erste Backsteingroßbau nördlich der Alpen. Die Errichtung der Basilika fällt zwar in die Zeit der Spätromanik, aber die runden Kreuzgratgewölbe der Krypta, die Halbkuppeln der Apsiden und die flachgedeckten drei Schiffe gehören noch frühen Phasen der Romanik an. Die Größe des Raums beeindruckt ebenso wie die sechzehneckige Sandsteintaufe (Foto) aus der ersten Hälfte des 13. Jahrhunderts.

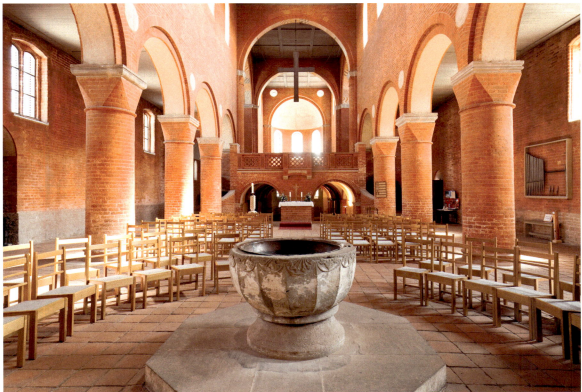

Sachsen-Anhalt

Im 1504 erbauten Lutherhaus in Wittenberg lebte der Reformator mehr als 35 Jahre lang, zunächst als Mönch, später mit seiner Familie. Hier entstanden seine Schriften, die die Welt veränderten. Heute beherbergt der Bau das größte reformationsgeschichtliche Museum der Welt.

Unter neugotischen Baldachinen stehen auf dem Markt der einstigen Residenzstadt Wittenberg die Denkmäler Martin Luthers und seines Freundes und Mitarbeiters Philipp Melanchthon. Hier nahm die Reformation im Jahre 1517 ihren Ausgang, als Luther der Überlieferung nach seine 95 Thesen an die Tür der Schlosskirche (Foto links) schlug.

Sachsen-Anhalt

Sachsen-Anhalt

Das Schöne mit dem Nützlichen zu verbinden war das Bestreben des Fürsten Leopold III. Friedrich Franz von Anhalt-Dessau. Angeregt durch Reisen nach England entstand Ende des 18. Jahrhunderts unweit der Städte Dessau, Wittenberg und Bitterfeld der Wörlitzer Park, die früheste Schöpfung des englischen Landschaftsgartens auf dem Kontinent. Der Blick geht über den See auf das Schloss und die Kirche.

Das Hochschulgebäude des Staatlichen Bauhauses in Dessau wurde 1925/26 nach Plänen von Walter Gropius errichtet. Der Komplex aus Stahl, Beton und Glas zählt zum Weltkulturerbe der UNESCO.

Sachsen-Anhalt

Das historische Waisenhaus in Halle ist das Zentrum der Franckeschen Stiftungen, dem Lebenswerk des evangelischen Theologen und Pädagogen August Hermann Francke (1663–1727).

Die aus Unter- und Oberburg bestehende Anlage Giebichenstein erhebt sich auf einem steilen Felsen über der Saale und der Stadt Halle. Die erstmals 961 erwähnte Anlage, die durch einen romanischen Neubau im 12. Jahrhundert (Oberburg) erweitert wurde, war im Mittelalter die sicherste Festung der Magdeburger Erzbischöfe, nachdem Kaiser Otto I. Kastell, Siedlung und Umland von Halle dem Erzstift übertragen hatte. Die sagenumwobene Ruine der Burg Giebichenstein verdankt ihren Ruhm vielen berühmten Besuchern u.a. Johann Wolfgang von Goethe.

180   Ein Gesicht, dessen Anmut und zarte Schönheit die Menschen seit Jahrhunderten fasziniert. Die Markgräfin Uta von Ballenstedt steht als Stifterfigur im Westchor des Naumburger Doms (rechts), daneben ihr Ehemann Ekkehard II. Der Name des genialen Bildhauers aus dem 13. Jahrhundert bleibt wohl für immer unbekannt.
Der heute evangelische Naumburger Dom St. Peter und Paul gehört zu den bedeutendsten Bauwerken der Spätromanik in Sachsen-Anhalt, ist eine Station an der Straße der Romanik und seit 2018 UNESCO-Weltkulturerbe.

Sachsen-Anhalt

Das imposante Residenzschloss der Fürsten von Anhalt-Bernburg prägt bis heute das Stadtbild von Bernburg an der Saale.

Schloss Neuenburg überragt das Winzerstädtchen Freyburg an der Unstrut. Es entstand ab 1090. Die um 1180 errichtete Doppelkapelle der Anlage gilt als außerordentliches Beispiel romanischer Architektur.

Schloss Goseck liegt weithin sichtbar auf einem Steilhang über dem Saaletal und war bereits im 9. Jahrhundert bekannt. Von der nach 1041 errichteten Klosterkirche sind noch Querhaus mit Vierung und Chor sowie die romanische Krypta erhalten. Goseck gehört damit zu den hochrangigen Zeugnissen romanischer Baukunst. Heute dient es als Europäisches Musik- und Kulturzentrum.

Auf dem Hochufer der Saale erhebt sich inselartig der Merseburger Domberg. Kaiser Heinrich II. wurde 1015 mit Bischof Thietmar zum Stifter von dessen Domkirche. In der benachbarten Residenz, deren Staffelgiebel aus der Renaissance auch die Saalefront schmücken, hielten zunächst die Merseburger Bischöfe und von 1656 bis 1738 die Herzöge von Sachsen-Merseburg Hof. In der Domstiftsbibliothek werden zahlreiche wertvolle mittelalterliche Handschriften aufbewahrt, unter anderem die Merseburger Zaubersprüche, die ältesten Zeugnisse deutscher Literatur, aus dem 9./10. Jahrhundert.

Sachsen-Anhalt

Sachsen-Anhalt

Zahlreiche Sagen ranken sich wegen ihrer ungewöhnlichen Form um die Teufelsmauer im nordöstlichen Harzvorland. Die aus Sandstein bestehende Felsenkette ist eine beliebte Filmkulisse. Fasziniert von der sich über mehr als 20 Kilometer Länge von Ballenstedt über Rieder und Weddersleben bis nach Blankenburg (Harz) erstreckende Formation war auch Johann Wolfgang von Goethe, der sie 1784 besuchte. Zahlreiche markant herausragende Einzelfelsen der Harzklippen tragen Einzelnamen wie die Adlerfelsen, der Cäsarfelsen oder das Hamburger Wappen. Die Teufelsmauer bei Weddersleben (Foto) ist seit 1935 Naturschutzgebiet und zählt damit zu den ältesten Naturschutzgebieten Deutschlands.

Auf dem steilen Sandsteinfelsen über der Welterbe- und Fachwerkstadt Quedlinburg erheben sich Schloss (16. bis 17. Jahrhundert) und die auf das 10. Jahrhundert zurückgehende, zwischen 1070 und 1129 neu errichtete Stiftskirche St. Servatius (Dom) mit ihren weit sichtbaren, hoch aufragenden romanischen Türmen. In der 1129 geweihten dreischiffigen Basilika befinden sich nicht nur die Gräber Heinrichs I. und seiner Gemahlin Mathilde der Heiligen, sondern auch der berühmte Domschatz.

Der Marktplatz und das Rathaus von Wernigerode mit seinen Türmen und Erkern aus dem 15. Jahrhundert. Die „bunte Stadt am Harz" lohnt einen Besuch wegen ihrer Fachwerkhaus-Ensembles.

Hoch über dem Selketal im Ostharz erhebt sich Burg Falkenstein. Der 30 Meter hohe Bergfried mit seinen Bastionen dokumentiert die Wehrhaftigkeit der Anlage, die nie erobert wurde.

Die mehr als zwei Meter hohen Chorschranken der Liebfrauenkirche von Halberstadt gehören zu den bedeutendsten plastischen Werken der Romanik. Die Stuckfiguren sind um 1210 entstanden. In ihrer lebendigen Körperhaltung zeigen die farbig gehaltenen Reliefs eine neue, naturzugewandte Gefühlswelt.

Sachsen-Anhalt

Sachsen-Anhalt

Mit seinen 1142 Metern überragt der Brocken alle anderen Gipfel des Harzes. Mehr als seine Gestalt und Höhe hat der Mythos des alten Blocksbergs, auf dem die Hexen in der Walpurgisnacht zusammen kommen sollten, die Menschen immer wieder in ihren Bann gezogen. Bei guter Sicht kann man den Großen Inselsberg in Thüringen, den Köterberg im Weserbergland sowie den Petersberg nördlich von Halle erkennen. Bei sehr klarem Wetter sind auch das Rothaargebirge in 164 Kilometer Entfernung sowie die Rhön (162 Kilometer) sichtbar. Zum Gipfel führt seit 1899, mit Unterbrechung während der deutschen Teilung, die schmalspurige Brockenbahn.

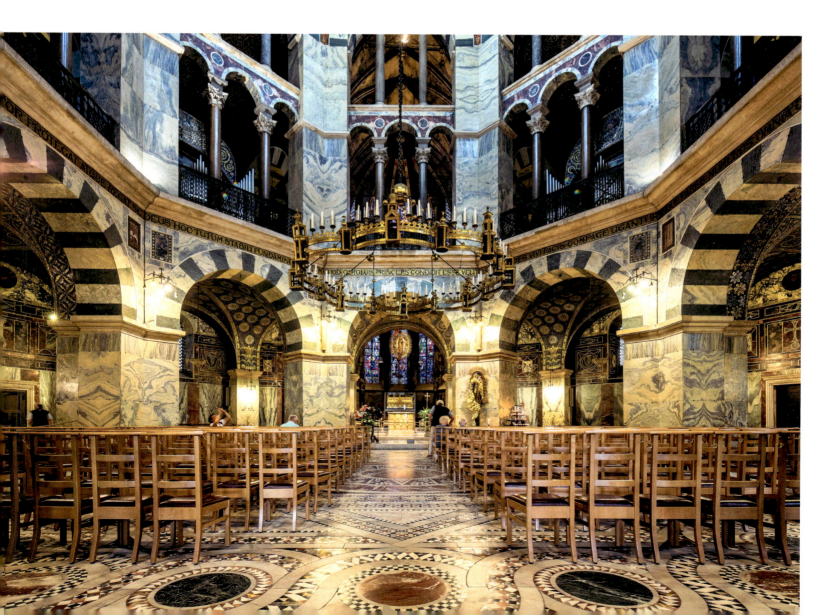

Nordrhein-Westfalen

Der Aachener Dom – Begräbnisstätte Karls des Großen (747–814) und Krönungskirche deutscher Könige. Der Radleuchter aus dem 12. Jahrhundert in der 805 geweihten Pfalzkapelle symbolisiert das himmlische Jerusalem. Der Dom besteht aus mehreren Teilbauten, deren jeweilige Entstehungszeiten die Epoche des Frühmittelalters bis hin zur Neuzeit umfassen. Karl der Große ließ das karolingische Oktogon, den Zentralbau und das Westwerk gegen Ende des achten Jahrhunderts als Kern seiner Pfalzanlage errichten. Die karolingische Pfalzkirche ist umgeben von mehreren Anbauten aus späterer Zeit.

Der Prinzipal-, also Hauptmarkt ist ein Straßenzug in Münster. Er zeichnet sich durch originalgetreu restaurierte Giebelhäuser der im Zweiten Weltkrieg stark zerstörten Stadt aus, bei denen keine Fassade der anderen gleicht. Bogengänge laden zum wetterunabhängigen Flanieren ein. Rechts die Vorderseite des „Historischen Rathauses" mit der Bürgerhalle, die vermutlich um das Jahr 1320 entstand. Berühmtheit erlangte das Rathaus in Münster neben dem in Osnabrück als Ort der Verhandlungen zum Westfälischen Frieden zwischen 1643 und 1648, die den Dreißigjährigen Krieg in Europa beendeten.

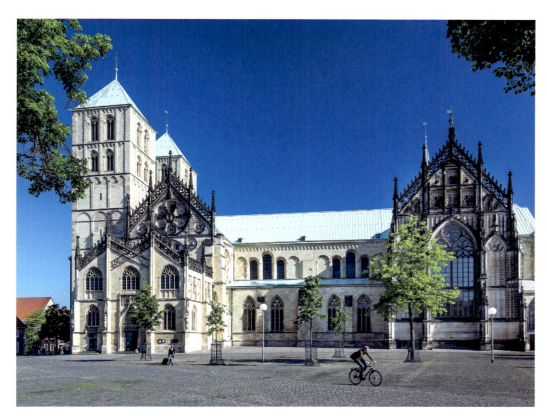

Der St.-Paulus-Dom ist die Keimzelle Münsters und auch heute noch Mittelpunkt der Stadt. 1225 wurde der Grundstein für den heutigen, den dritten Dom gelegt.

Burg Hülshoff ist eine typische münsterländische Wasserburg. Sie war schon dreieinhalb Jahrhunderte im Familienbesitz, als die spätere Schriftstellerin Annette von Droste-Hülshoff hier am 12. Januar 1797 geboren wurde.

Nordrhein-Westfalen

Nordrhein-Westfalen

Das große Barockwasserschloss Anholt liegt in unmittelbarer Nähe der niederländischen Grenze. Sein mächtiger Bergfried stammt aus dem 13. Jahrhundert. Im Herrenhaus sind heute ein Hotel, ein Restaurant und ein Museum (in dem unter anderem ein echter Rembrandt hängt) untergebracht.

Nordrhein-Westfalen

Ein Bild voller Kraft und Ursprünglichkeit: Die Wildpferde im Merfelder Bruch bei Dülmen leben das ganze Jahr in fast völliger Freiheit. Im Frühjahr fangen junge Männer die fast einjährigen Hengste aus der Herde heraus – ein atemberaubendes Schauspiel, das immer wieder viele Zuschauer anzieht.

Die Turmwindmühle von Haaren/Waldfeucht an der Grenze zu den Niederlanden stammt aus dem Jahr 1842. Noch heute wird sie zum Mahlen von Getreide genutzt.

Kloster Corvey prägte seit 822 über Jahrhunderte das geistige und kulturelle Leben Norddeutschlands. Die schlossartige Benediktinerabtei wurde im 18. Jahrhundert barock umgebaut.

Das barocke Schloss Pyrmont in Bad Pyrmont ist das Herzstück einer imposanten Festungsanlage mit Wällen, Bastionen und Kasematten aus dem 16. Jahrhundert. Heute beherbergt es ein Museum zur Geschichte der Stadt.

Das bereits zu Zeiten Karls des Großen in einer Urkunde erwähnte Paderborn liegt im östlichen Teil von Nordrhein-Westfalen. Das Ortsbild wird vom Hohen Dom St. Maria, St. Liborius, St. Kilian und seinem mächtigen Westturm geprägt

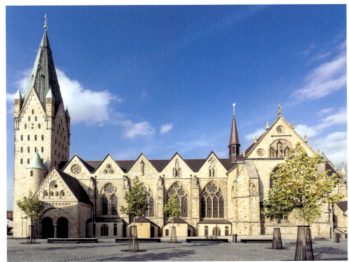

Nordrhein-Westfalen

Fünf graue Felsen ragen bis zu 40 Meter in den Himmel: die Externsteine im südlichen Teutoburger Wald. Das einzigartige Naturdenkmal und eine in den Felsen geschlagene Kapelle waren bereits im Mittelalter eine Wallfahrtsstätte.

Nordrhein-Westfalen

Weltweit als einmaliges Verkehrsmittel fährt die Wuppertaler Schwebebahn seit 1900 an Schienen hängend und meist dem Lauf der Wupper folgend durch das Stadtgebiet.

Der Altenberger Dom im Bergischen Land gilt als eine der bedeutendsten gotischen Kirchen in Deutschland und wird von beiden Konfessionen genutzt. Der Dom wurde als Klosterkirche ab dem Jahr 1255 auf der Stelle eines romanischen, um 1160 geweihten Vorgängerbaus errichtet. Gegen Ende des 12. Jahrhunderts zählte die Abtei 107 Priestermönche und 138 Laienbrüder, so dass der Grundstein für den Bau einer großen Kirche am 3. März 1259 gelegt wurde. Gemessen am Baubeginn ist der „Bergische Dom" damit in etwa so alt wie der Kölner Dom.

Der Wipperkotten an der Wupper ist einer von zwei erhaltenen Schleifkotten der Messerstadt Solingen. Wasserräder treiben Schleifsteine und Polierscheiben an.

Nordrhein-Westfalen

204 In Reih und Glied, hingestreckt über vier Gassen stehen die Fachwerkhäuser des Alten Fleckens in Freudenberg im Siegerland. Das Ensemble entstand nach dem großen Stadtbrand, ausgelöst durch einen Blitzschlag, am 9. August 1666. Fürst Johann Moritz von Nassau-Siegen baute den Flecken auf den weitgehend unveränderten Grundrissen wieder auf. Die Innenstadt Freudenbergs wurde in den Kulturatlas des Landes Nordrhein-Westfalen als „Baudenkmal von internationaler Bedeutung" aufgenommen; es existiert kein vergleichbarer historischer Stadtkern in Fachwerkbauweise.

Nordrhein-Westfalen

Nordrhein-Westfalen

Wahrzeichen des Ruhrgebiets: Welterbe Zeche und Kokerei Zollverein in Essen. Die Zentralschachtanlage Zollverein XII galt bis zu ihrer Stilllegung 1986 nicht nur als modernste, sondern auch als „schönste Zeche der Welt". Wo früher täglich 12 000 Tonnen Kohle gefördert und weiter zu Koks veredelt wurden, befindet sich heute ein lebendiger Standort für Kultur und Design.

Von der Ruhr bekam das Ruhrgebiet seinen Namen. Die Industrialisierung der Region nahm hier ihren Anfang, weil Kohlenflöze in der Nähe des Flusses an die Oberfläche traten. So wurden die Zechen an den Ufern der Ruhr angelegt und die gewonnene Kohle über die zum schiffbaren Verkehrsweg ausgebaute Ruhr abtransportiert. Heute hat das Ruhrtal eine wichtige Funktion als Erholungsraum. Die Ruhrufer sind zum Glück weitgehend von Industrie und Bebauung verschont und von Wiesen geprägt. Im Hintergrund Burg Blankenstein.

Die Villa Hügel in Essen, das Stammhaus der Krupp-Dynastie, zeigt die Macht und Pracht der sogenannten Ruhrbarone.

Das vom finnischen Architekten Alvar Aalto entworfene Aalto-Musiktheater (rechts) in Essen gilt als Deutschlands schönster Theaterbau nach 1945.

Die Kettwiger Ruhrbrücke wurde 1282 erstmals erwähnt. Im Dreißigjährigen Krieg (1618–1648) war der Flussübergang hart umkämpft. Die heutige Steinbrücke entstand 1786.

Nordrhein-Westfalen

Alte Schlote, rostige Aggregate und ein atemberaubender Ausblick auf die Industrielandschaft Dortmunds: Das ehemalige Hüttenwerk Phoenix West kann auf einem Skywalk begangen werden.

Das goldene neun Meter hohe U auf dem Dach des ehemaligen Gär- und Lagerhochhauses der Union-Brauerei ist ein Wahrzeichen Dortmunds. 2007 erwarb die Stadt das Areal und ließ das bis dahin leer stehende „Dortmunder U" als Leuchtturmprojekt der Kulturhauptstadt Europas – RUHR.2010 zum Zentrum für Kunst und Kreativität umbauen. Es beherbergt unter anderem das Museum Ostwall und den Hartware Medienkunstverein, der sich der Vermittlung zeitgenössischer Medienkunst widmet.

Der mächtige Förderturm in Bochum gehört heute zum größten Bergbaumuseum der Welt. Es beherbergt unter anderem ein Anschauungsbergwerk mit einem Streckennetz von 2,5 Kilometern.

Nordrhein-Westfalen

Der Abbruch dieser kompromisslos modernen Stahlkonstruktion der Maschinenhalle von Zollern II/IV in Dortmund-Bövinghausen konnte 1969 verhindert werden und erweckte bei Politikern und Denkmalpflegern so viel Interesse, dass die Landesregierung die Erhaltung von Industriedenkmalen in ihr Programm aufnahm. Auch das Innere der Maschinenhalle von 1902 verrät den Durchbruch zur Moderne. Ornamente des Jugendstils zieren die Schaltwand des von den Architekten Bruno Möhring und Reinhold Krohn gestalteten Bauwerks, die den Mut hatten, die Stahl-Glas-Konstruktion zu zeigen und nicht hinter Stilfassaden verschwinden zu lassen.

Nordrhein-Westfalen

Einer Achterbahn für Fußgänger gleicht die 20 Meter hohe begehbare Skulptur „Tiger & Turtle" in Duisburg. Die weithin sichtbare moderne Landmarke bietet eine grandiose Aussicht. Das Kunstwerk kann bis auf den Looping vollständig bis zu einer Höhe von 13 Metern begangen werden, was bedeutet, dass man den Weg in beiden Richtungen bis zum Einstiegspunkt wieder zurücklaufen muss. Da er eine Breite von weniger als einem Meter hat, kommt es immer wieder zu Engpässen, insbesondere an den steileren Abschnitten, daher sind nur 195 Besucher gleichzeitig zugelassen.

Die Hochöfen des weltweit agierenden Unternehmens ThyssenKrupp stehen im Duisburger Norden. Die Stadt ist damit einer der größten Stahlstandorte Europas.

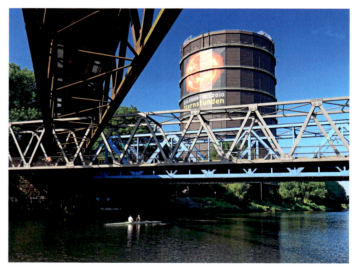

Im Duisburger Innenhafen wurde einst Getreide für die ganze Region angelandet und gemahlen. Heute erstreckt sich hier ein schickes Stadtquartier.

Der „Gigant von Oberhausen" war mit seinen 117 Metern Höhe und einem Fassungsvermögen von 347 000 Kubikmetern Europas größter Gasometer. 1988 wurde er zu einer Ausstellungshalle umgebaut.

Nordrhein-Westfalen

Der mächtige Backsteinbau der früheren Getreidemühle im Duisburger Innenhafen war bis 1972 in Betrieb. Ende des vergangenen Jahrhunderts wurde sie vom Architekturbüro Herzog & Meuron zum Museum Küppersmühle für moderne Kunst umgebaut. Es bietet Einblicke in das Schaffen der einflussreichsten deutschen Künstlerinnen und Künstler seit den 1950er-Jahren.

216   1993 endete hier die Kohleförderung, doch das markante Doppelstrebengerüst über Schacht 9 der Zeche Consolidation erinnert unübersehbar an die Montanvergangenheit Gelsenkirchens. Heute werden die Anlagen gewerblich und kulturell genutzt.

Nordrhein-Westfalen

Nordrhein-Westfalen

Rund um das stillgelegte Hüttenwerk in Duisburg-Meiderich ist der Landschaftspark Duisburg-Nord entstanden. Hier produzierten insgesamt fünf Hochöfen in 84 Jahren 37 Millionen Tonnen Spezialroheisen. Nach der Stilllegung 1985 eroberte die Natur nach und nach die Industriebrache zurück. Die Symbiose aus wild gewachsener Vegetation und alten Hochöfen entwickelte einen bis dato verborgenen Charme. Im Hüttenwerk und auf dem Außengelände entstand in mehreren Entwicklungsschritten ein spektakulärer Industriekultur-, Natur- und Freizeitpark. Der Brite Jonathan Park schuf die Lichtinstallationen, die das Hochofenwerk am Abend in ein faszinierendes Meer von Licht und Farbe tauchen.

220

In der unmittelbaren Nähe des Stadtkerns von Xanten am Niederrhein befanden sich vor etwa 2000 Jahren ein römisches Legionslager sowie die Colonia Ulpia Traiana, die allerdings um 275 n. Chr. zerstört wurde. Das spätere Xanten entstand im frühen Mittelalter mit dem Stift und dem Dom St. Viktor (8. Jahrhundert). Im Nibelungenlied wird „Santen" als angeblicher Geburtsort des Helden Siegfried erwähnt. Im Jahr 1977 eröffnete der Archäologische Park Xanten, der nun auch das LVR-Römermuseum beherbergt. Daher bezeichnet Xanten sich auch als Römer-, Dom- und Siegfriedstadt.

Die Terrassenanlage von Kloster Kamp am Niederrhein ist ein Juwel der Gartenkunst. Es wurde bereits im 12. Jahrhundert gegründet und war das erste Zisterzienserkloster im damaligen deutschsprachigen Raum. Nach der Zerstörung der Anlagen Ende des 16. Jahrhunderts begann erst 100 Jahre danach der Wiederaufbau, der Mitte des 18. Jahrhunderts vollendet war. Prunkstück war und ist der Terrassengarten, der sogar als Konkurrenz für das von Friedrich dem Großen errichtete Schloss Sanssouci in Potsdam gesehen wurde.

Das Wasserschloss Moyland bei Bedburg-Hau ist einer der wichtgsten neugotischen Bauten in Nordrhein-Westfalen. Es beherbergt eine Kunstsammlung mit unter anderem rund 5000 Werken von Joseph Beuys.

Der Alte Rhein bei Xanten und die Bislicher Insel bilden eine der größten naturnahen Auenlandschaften am unteren Niederrhein.

Nordrhein-Westfalen

Die elegante Landeshauptstadt Düsseldorf mit ihrer reizvollen Rheinpromenade beherbergt viele Schaltstellen von Wirtschaft und Politik.

Das Jan-Wellem-Denkmal erinnert an den Fürsten Johann Wilhelm von der Pfalz, der Düsseldorf zu einer Kulturmetropole und einer Stätte der Toleranz machte. Im Hintergrund das Rathaus.

Wo Düsseldorf am urigsten ist: rheinische Fröhlichkeit unter freiem Himmel vor der Altbierbrauerei Uerige.

Die Königsallee in Düsseldorf, kurz „Kö" genannt, ist eine der führenden Luxuseinkaufsstraßen Europas. Charakteristisch sind ihre große Breite, der Stadtgraben (Foto) und der eindrucksvolle Baumbestand. Auf diesem Boulevard entstand Düsseldorfs Ruf als Konsummetropole und Modestadt.

Der Dom beherrscht Kölns Stadtbild. Neubauten sollen seinen Anblick nicht beeinträchtigen. Hier gelingt es, Modernes wie die Kranhäuser im alten Rheinauhafen mit Vertrautem zu verbinden.

Der Dom ist das Wahrzeichen Kölns, doch einen immensen kulturhistorischen Reichtum stellen auch seine zwölf romanischen Kirchen dar, etwa Groß St. Martin (links). Rechts die Deutzer Brücke.

Köln ist auch eine kulturelle Metropole. Das älteste Kunsthaus der Stadt, das Wallraf-Richartz-Museum, residiert in einem kubischen Neubau und präsentiert unter anderem die weltweit umfangreichste Sammlung mittelalterlicher Malerei.

Nordrhein-Westfalen

226

Schloss Augustusburg in Brühl bei Bonn, ab 1725 nach Plänen des Baumeisters Johann Conrad Schlaun errichtet, war von 1949 bis 1996 der Ort, an dem der Bundespräsident Empfänge für ausländische Staatsgäste gab.

Pittoreskes Ambiente für akademisches Lernen: die Universität Bonn, deren Sitz das Kurfürstliche Schloss ist, früher Residenz der Erzbischöfe von Köln.

Das Rathaus der Stadt Bonn. In den Jahren, in denen die rheinische Universitätsstadt Regierungssitz der Bundesrepublik war, trugen sich hier hochrangige Staatsbesucher in das Goldene Buch ein.

Denkmal am Bonner Marktplatz für den größten Sohn der Stadt: Ludwig van Beethoven, der hier am 17. Dezember 1770 als Sohn eines Hofmusikers geboren wurde.

Nordrhein-Westfalen

Die Moderne hat den Drachenfels erobert: Der sagenhafte Felsen und der Blick auf den längsten Strom Deutschlands gehören unbedingt zu einer Rheinreise.

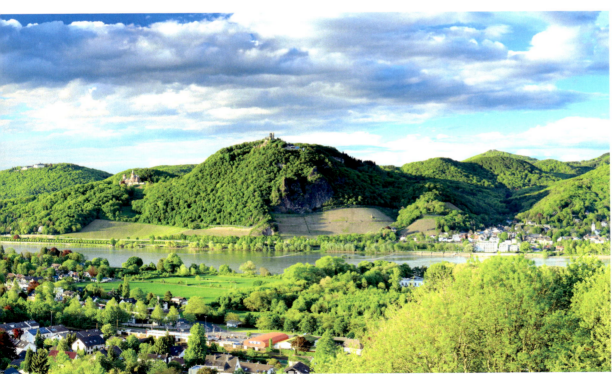

Drei Bauten krönen das Siebengebirge bei Königswinter. Burg Drachenfels (rechts), daneben die tiefergelegene Drachenburg und links das Hotel Petersberg. Große Bedeutung für die jüngere deutsche Geschichte erlangte das 1892 erstmals eröffnete Hotel zwischen 1949 und 1952 als Sitz der Alliierten Hohen Kommission, die sich aus den höchsten Vertretern der westlichen Siegermächte in Deutschland zusammensetzte. Von 1955 bis 1969 und ab 1990 diente das Grandhotel auf dem Petersberg als Gästehaus der Bundesrepublik Deutschland.

Nordrhein-Westfalen

Reste einer mittelalterlichen Burg überragen Monschau an der Rur in der Eifel . Die wohlerhaltene Altstadt stammt aus der ruhmreichen Zeit der Monschauer Tuchmacher im 17./18. Jahrhundert.

Bis vor wenigen Jahrzehnten war das Hohe Venn ein abgeschiedenes, weitgehend unberührtes Hochmoor im Dreieck der beiden belgischen Städte Eupen und Malmédy sowie Monschau auf deutscher Seite. Heute lässt sich der schwankende Boden des Naturreservats auf Holzwegen begehen.

Nordrhein-Westfalen

Rheinland-Pfalz

Noch heute stehen wir staunend vor der in Deutschland einzigartigen Porta Nigra in Trier. Das mehr als 30 Meter hohe Tor einer Stadtbefestigung aus der Zeit der Römer überdauerte die Jahrtausende, weil es als Eremitenklause und später als Kirche diente.

Rheinland-Pfalz

Kaub, eingeengt zwischen Felsen und Strom – vielzitierter Rheinübergang (Blücher 1814) mit der Hangburg Gutenfels (oben) und der Pfalz von Kaub (unten), vollständiger Name Pfalzgrafenstein. Die kurpfälzische Zollbastion gleicht einer schwimmenden Festung mitten im Fluss und zählt zu den größten Sehenswürdigkeiten einer Rheinfahrt.

Am Deutschen Eck bei Koblenz fließen Rhein und Mosel zusammen. Erst vor wenigen Jahren erhielt die Reiterfigur Kaiser Wilhelms I. wieder ihren Standplatz. Auf der Landspitze: die sechzehn Fahnen der deutschen Bundesländer, die an die Wiedervereinigung erinnern.

Mit der Koblenzer Seilbahn lässt sich die preußische Feste Ehrenbreitstein seit 2011 gut erreichen. Das 1817 bis 1828 erbaute Festungswerk wird auch als „Gibraltar am Rhein" bezeichnet.

Der 132 Meter hohe Loreleyfelsen am Rheinufer von St. Goarshausen: Namen und Ruhm verdankt er der Zauberin Loreley, die durch ihren Gesang die Schiffer betörte und ins Verderben lockte. Der Blick von oben auf die Rheinkurven und auf St. Goarshausen mit der Burg Katz ist ein Anziehungspunkt für Touristen. Wenige hundert Meter vom Aussichtspunkt entfernt befindet sich die 1939 erbaute Freilichtbühne Loreley, wo regelmäßig Großveranstaltungen (zum Beispiel Rockkonzerte) stattfinden.

Rheinland-Pfalz

Rheinland-Pfalz

Die Mosel, fein, zart, unmerklich ist ihr Zauber. Blick vom Calmont, dem steilsten deutschen Rebhang, auf die Bremmer Schleife. Der Ort Bremm war schon in keltischer und römischer Zeit besiedelt. Die älteste urkundliche Erwähnung datiert aus dem Jahr 1051. Die heutige Kirche (rechts) entstand gegen Ende des 15. Jahrhunderts und wurde 1895 umgebaut und vergrößert.

Die mittelalterliche Reichsburg von Cochem an der Mosel (rechts) wurde in den Franzosenkriegen gesprengt und in der zweiten Hälfte des 19. Jahrunderts im Stil des Historismus wieder aufgebaut.

Burg Eltz über Wierschem, bekundet seit 1157. Die Wohnburg ist eine der sehr seltenen Höhenburgen in der Region, die nie gewaltsam zerstört wurde. Seit mehr als 800 Jahren befindet sich die Burg im Besitz der gleichnamigen Familie. Ihr jetziger Eigentümer, Karl Graf und Edler Herr von und zu Eltz-Kempenich, übernahm die Aufgabe, die Burg für die Öffentlichkeit zugänglich zu halten, ihre Substanz zu sichern und sie an die 34. Generation weiterzureichen.

Trier, die alte Römerstadt, ist Hauptort des Weinbaugebiets Mosel-Saar-Ruwer. Die römische Basilika aus dem 4. Jahrhundert überragt den kurfürstlichen Palast. Seit 1986 ist die Konstantinbasilika Teil des UNESCO-Welterbes „Römische Baudenkmäler, Dom und Liebfrauenkirche in Trier" und geschütztes Kulturgut nach der Haager Konvention. An römischer Bausubstanz erhalten sind die im Norden liegende Apsis, die Westwand, Mauerreste von Vorgängerbauten unterhalb des heutigen Fußbodens sowie Reste von römischen Außenmalereien an der West- und Nordfassade.

Rheinland-Pfalz

Im Mai 1832 zogen rund 30 000 freiheitlich gesinnte Bürger „hinauf zum Schloss", um gegen Kleinstaaterei, für die Freiheit und Einheit Deutschlands zu demonstrieren. Erstmals wurde in Hambach die schwarz-rot-goldene Fahne gehisst. Heute erinnert eine Dauerausstellung in der restaurierten „Wiege der Demokratie" an die damaligen Ereignisse.

Der Pfarrer Georg Friedrich Blaul fand in Deidesheim in der Pfalz genügend „angenehme Hindernisse, durch die man sich gern aufhalten lässt". Dazu gehörte sicher auch das historische Rathaus von 1724.

Die Pfalz ist eine der großen Weinregionen Deutschlands. Eine besondere Reputation genießen die Weine der kleinen Gemeinde Birkweiler.

Rheinland-Pfalz

Der auf 493 Metern Höhe liegende Trifels beherrscht im Pfälzer Wald das Landschaftsbild. Für Salier wie Staufer war die Feste ein Symbol der königlichen Macht, Aufbewahrungsort der Reichskleinodien wie Staatsgefängnis: „Wer den Trifels hat, hat das Reich." Mit schwindender Königsmacht sank auch die Bedeutung dieser Burg. Das größte Interesse neben den Reichskleinodien weckt noch heute die Gefangenschaft des englischen Königs Richard Löwenherz, die hinsichtlich des Trifels allerdings nur für eine Zeitspanne von drei Wochen (vom 31. März bis zum 19. April 1193) mit Sicherheit belegt ist. Einer weiteren Sage nach, die der bekannteren Kyffhäusersage ähnelt, soll im Trifels Kaiser Friedrich II. schlafen.

Rheinland-Pfalz

Das Herz der Landeshauptstadt Mainz ist der Kaiserdom St. Martin und St. Stephan. Der Kunsthistoriker Georg Dehio: „Eines der hervorragendsten und ehrwürdigsten deutschen Baudenkmäler, gleichbedeutend durch seine künstlerische Stellung als einer der frühesten deutschen Gewölbebauten großen Stils wie durch seine geschichtlichen Erinnerungen als Kirche der Erzkanzler des alten Reiches."

Der jüdische Friedhof in Worms ist der älteste erhaltene in Europa mit Grabsteinen ab 1058. Gemeinsam mit anderen Stätten jüdischen Lebens in Speyer und Mainz soll der Friedhof UNESCO-Weltkulturerbe werden.

Speyer, die Dom- und Kaiserstadt am Rhein, kann auf eine wechselvolle 2000jährige Geschichte zurückblicken. Kelten, römische Soldaten, Kriege und Revolutionen, vor allem aber der Bürgerwille haben das Gesicht der Stadt geprägt. Weithin sichtbares Wahrzeichen ist der Kaiserdom, eines der bedeutendsten und größten romanischen Bauwerke Deutschlands. Die Krypta der „Hauskirche" der salischen Kaiser – die Grundsteinlegung durch Konrad II. erfolgte um 1030 – dient als Grablege für acht deutsche Kaiser und Könige.

Rheinland-Pfalz

248 Blick zur Dahner Burgengruppe, die im Südteil des Pfälzer Waldes liegt, bei Sonnenaufgang. Die drei Burgen wurden nahe beieinander, aber nicht gleichzeitig unter Ausnutzung von fünf nebeneinander stehenden Felsen auf dem langgestreckten Rücken des Schlossbergs errichtet. Mehrere Generationen des Dahner Rittergeschlechts waren damit befasst, wobei sich die Bauzeit über fast zwei Jahrhunderte erstreckte: Die Felsenburg Tanstein stammt vom Anfang des 12. Jahrhunderts, Altdahn vom Anfang und Grafendahn vom Ende des 13. Jahrhunderts. Die Geschichte der Burgen ist gekennzeichnet von vielen Kriegen und Zerstörungen, die immer wieder von Aufbauphasen abgelöst wurden.

Rheinland-Pfalz

Saarland

Das stählerne Saarpolygon in Ensdorf unweit von Saarlouis ist ein Denkmal für den 2012 eingestellten Steinkohlebergbau im Saarrevier. Die begehbare, 30 Meter hohe Großplastik steht auf einer alten Bergehalde und wurde 2016 eingeweiht.

252 Spektakulär ist die Aussicht vom 180 Meter hoch über dem Fluss gelegenen Aussichtspunkt Cloef sowie vom Aussichtsturm des 2016 eröffneten Baumwipfelpfades (Foto Bildmitte) auf die Saarschleife bei Mettlach. Durch den harten Quarzit des Orscholzer Riegels hat sich die Saar im Laufe der Jahrtausende ihr Flussbett gegraben. „Gegen leidenschaftlichen Takt der Arbeit … erhebt sich die Stille", raunt der Dichter Reinholt Schneider und biegt die saarländischen Gegensätze poetisch zusammen.

Saarland

Das barocke Abteigebäude in Mettlach an der Saar beherbergte ein gegen Ende des 7. Jahrhunderts gegründetes Benediktinerkloster. Heute befindet sich hier der Hauptsitz des Keramikwarenunternehmens Villeroy & Boch.

Die Ruine der mittelalterlichen Burg Montclair erhebt sich 290 Meter hoch über der Saarschleife bei Mettlach. Von hier aus kontrollierten die Burgherren den Verkehr auf dem Fluss.

Auf einer Anhöhe ganz im Westen des Saarlands liegt mitten in den Weinbergen des Moseltals Schloss Berg, dessen Ursprünge bis ins 10. Jahrhundert zurückreichen.

Saarland

Saarland

Ein imposantes Zeugnis der Industriekultur des Saarlands: Die UNESCO erhob das stillgelegte Stahlwerk von Völklingen 1994 in den Rang eines Weltkulturerbes. Die Hütte mit Hochöfen und Pumpenhaus, Handwerkergasse und Gasgebläsehalle wurde bereits Ende des 19. Jahrhunderts gegründet und produzierte bis in die 1980er-Jahre.

258

Die Ludwigskirche ist das Wahrzeichen Saarbrückens. Das 1762 bis 1765 errichtete Gotteshaus gilt als einer der bedeutendsten evangelischen barocken Kirchenbauten Deutschlands.

Moderne und historische Architektur befinden sich am Saarbrücker Schloss im Einklang. Der Architekt baute den durch Kriegsschäden baufälligen Mittelteil in den 1980er-Jahren um.

Die Römische Villa Borg ist ein archäologisches Freilichtmuseum in Perl an der Obermosel. Sie ist die einzige vollständig rekonstruierte antike Villenanlage, zu der auch eine Taverne, ein Bad sowie Gärten gehören.

Saarland

260

Hessen

Einmal bei Dornröschen wohnen – wer wollte da Nein sagen! Tief im Reinhardswald nördlich von Kassel, da, wo sich das Märchen von der verwunschenen Königstochter ereignet haben soll, können Sie sich diesen Wunsch erfüllen. Das fast 700 Jahre alte ehemalige Jagdschloss Sababurg mit seinen beiden mächtigen Rundtürmen wurde bereits in den 1950er-Jahren zum Hotel ausgebaut. Kein Wunder, dass es hier im Land der Brüder Grimm im Volksmund „Dornröschenschloss" heißt.

262 Die zentrale Lage hat Frankfurt am Main zu einem wichtigen Zentrum für die Industrie und den Handel in Europa gemacht. Zeichen der Entwicklung sind die vielen Hochhaustürme sowie der Neubau der Europäischen Zentralbank (EZB), rechts.

Hessen

Ein Mittelpunkt der Kulturszene Frankfurts ist die Alte Oper, ein Bau des späten 19. Jahrhunderts, der bei einem Luftangriff 1944 zerstört wurde. Als Symbol bürgerlichen Selbstbewusstseins wurde sie mit großem Aufwand zwischen 1976 und 1981 wiederaufgebaut und in ein Kongress- und Musikzentrum umgewandelt.

Der Römer, das Frankfurter Rathaus, ist ein Bauensemble von elf Patrizierhäusern, deren ältestes (Mitte) aus dem 14. Jahrhundert stammt. Nach schweren Kriegsschäden wurde es wiederaufgebaut.

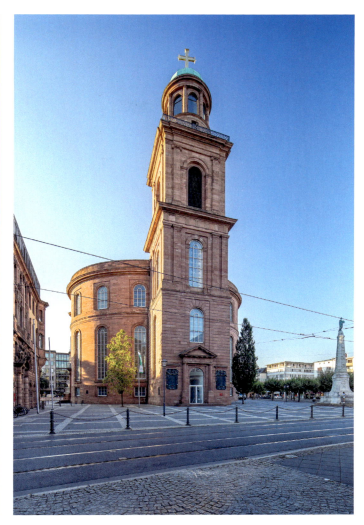

Die Frankfurter Paulskirche, ein klassizistischer, 1833 vollendeter Rundbau, steht für die demokratische Bewegung in Deutschland: 1848 bis 1849 tagte hier die Frankfurter Nationalversammlung, die erste Volksvertretung für ganz Deutschland.

Hessen

Eltville zählt zu den ältesten Städten des Rheingaus. Im Turm der unmittelbar am Rhein gelegenen Burg erinnert eine Johann-Gutenberg-Gedenkstätte an den Erfinder der Buchdruckkunst, der mehrere Jahre seines Lebens hier verbrachte.

Drangvolle Enge herrscht meist in diesem idyllischen Sträßchen, denn die weltberühmte Drosselgasse von Rüdesheim ist nur wenige Meter breit.

Die alte nassauische Residenzstadt Wiesbaden wurde 1945 von den Amerikanern zur Hauptstadt des neuen Bundeslandes Hessen bestimmt, vor allem, weil die Stadt im Krieg sehr wenig zerstört worden war. Noch heute überrascht das geschlossene Gründerzeitstadtbild mit architektonischen Höhepunkten wie dem Kurhaus, das auch ein berühmtes Spielcasino beherbergt.

Hessen

Schloss Auerbach bei Bensheim war eine der imposantesten und mächtigsten Burgen im südlichen Hessen. Von den Türmen der Ruine genießt man einen eindrucksvollen Weitblick über die Rheinebene und den Odenwald.

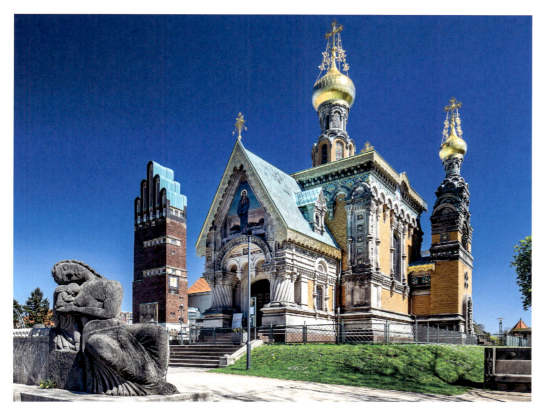

Nikolaus II., der letzte russische Zar, ließ diese russisch-orthodoxe Kapelle 1899 zu Ehren seiner Gattin Alexandra, einer Prinzessin aus dem Hause Hessen-Darmstadt, auf der Mathildenhöhe in Darmstadt bauen. Die drei kupfernen Kuppeln des Gotteshauses sind mit echtem Gold überzogen, der Marmor stammt aus dem Kaukasus, und selbst das Erdreich wurde aus der Heimat des Zaren herangeschafft, damit die Kapelle auf russischem Boden stand.

Das Kloster Lorsch war bis zum hohen Mittelalter ein Macht- und Geisteszentrum. Heute gehören die wenigen Relikte aus der Karolingerzeit, wie die Torhalle (um 900), zum UNESCO-Weltkulturerbe.

Hessen

270 Mit der Entdeckung des Ludwigsbrunnens (1809) und des Elisabethenbrunnens (1834) begann der Aufstieg Bad Homburgs von der Höhe zum weltbekannten Kurort. Der von Peter Joseph Lenné 1856 angelegte 44 Hektar große Kurpark sollte an Größe und Schönheit alle Kuranlagen mit seinen vielen exotischen Gewächsen aus Asien und Nordamerika übertreffen. Dieses Gesamtkunstwerk ist als einzige seiner vielen Schöpfungen unverändert erhalten geblieben und zählt zu einer der schönsten und größten Anlagen Deutschlands.

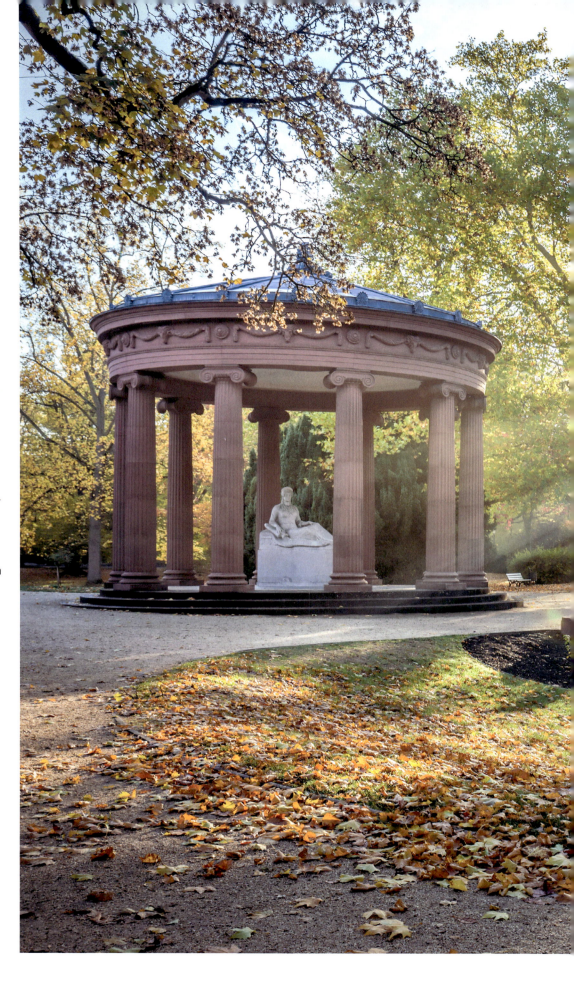

Hessen

Das Rathaus von Bad Hersfeld, 1371 in gotischem Stil errichtet und im 17. Jahrhundert im Stil der Weserrenaissance umgebaut, gehört zu den vielen denkmalgeschüzten Bauwerken in der Kur- und Festspielstadt an der Fulda.

Das nordhessische Homberg an der Efze hat seinen mittelalterlichen Kern weitgehend erhalten. Sein Wahrzeichen ist die wuchtige gotische Stadtkirche St. Marien am Marktplatz.

Der Roland auf dem Brunnen in Fritzlar an der Eder blickt seit 1564 über den Marktplatz, an dem eines der ältesten Rathäuser Deutschlands steht.

Hessen

274 Ein eindrucksvolles Ensemble bilden Burg und Dom von Limburg an der Lahn. Der siebentürmige Kirchenbau vom Anfang des 13. Jahrhunderts stellt sich von jeder Seite überraschend anders dar.

Hessen

Fast 600 Jahre alt ist die steinerne Lahnbrücke in Runkel. Über der in der Nähe von Limburg gelegenen Stadt thront die Ruine der hochmittelalterlichen Burg.

In Marburg an der Lahn, der ältesten Universitätsstadt Deutschlands (1527), studierten auch Jacob und Wilhelm Grimm zu Beginn des 19. Jahrhunderts. „Zu Marburg muss man seine Beine rühren und treppauf, treppab steigen", äußerte sich Jacob Grimm über seine täglichen Spaziergänge vom Wohnhaus in der Barfüßerstraße durch die Altstadt. Gassen und Treppchen prägen sich jedem Besucher unvergesslich ein, der die Universitätsstadt zu Fuß erkundet.

Schloss Weilburg zählt zu den am besten erhaltenen Renaissancebauten in Hessen. Die gesamte Anlage, die zu Beginn des 18. Jahrhunderts erheblich erweitert wurde, erstreckt sich über eine Länge von 400 Metern auf einem fast vollständig von der Lahn umflossenen Bergsporn. Eindrucksvoll ist auch der sich über mehrere Terrassen erstreckende barocke Schlossgarten.

Hessen

Über 800 gut erhaltene Fachwerkhäuser, die überwiegend erst nach einem Stadtbrand 1554 errichtet wurden, prägen den nahezu ovalen Altstadtkern des Luftkurortes Melsungen an der Fulda. Mitten auf dem Marktplatz liegt das eindrucksvolle Fachwerkrathaus von 1556. Die nahe gelegene Sandsteinbrücke erzählt mit ihren ausgewetzten Bordsteinen von den Zeiten der Holzfäller (Bartenwetzer), die hier ihre Äxte (Barten) geschliffen haben.

Eingebettet in die Landschaft zwischen den Ausläufern des Knülls und des Stölzinger Berglandes, breitet sich an der engsten Stelle des Fuldatals die romantische Fachwerkstadt Rotenburg aus. Der mittelalterliche Stadtkern mit dem stattlichen Rathaus und alten Fachwerkhäusern aus dem 15. bis 18. Jahrhundert macht den Ort zu einem Kleinod des Hessenlandes.

Der Bergpark Wilhelmshöhe in Kassel wurde ursprünglich als barocke Anlage konzipiert, später aber im englischen Stil umgestaltet. Über dem Park thront auf einem 63 Meter hohen Oktogon Herkules, auf seine Keule gestützt. Die Wasserspiele mit Kaskaden, Wasserfällen, Aquädukt und großer Fontäne faszinieren an Sommersonntagen auch heute noch viele Besucher aus nah und fern.

Hessen

280 Blick von der 950 Meter hohen Wasserkuppe, der höchsten Erhebung der Rhön und Hessens. An ihrer Südflanke entspringt die Fulda, der längste Fluss des Bundeslandes. Auf dem Berg gibt es zahlreiche Sport- und Freizeiteinrichtungen, darunter die älteste Segelflugschule der Welt.

Hessen

Thüringen

Die Wartburg bei Eisenach: Hier suchte 1521/22 Martin Luther, der wegen seiner 95 Thesen gegen den Ablasshandel von Kirchenbann und Reichsacht bedroht war, Zuflucht vor seinen Verfolgern. Nur elf Wochen brauchte der Reformator, um in der Abgeschiedenheit das Neue Testament ins Deutsche zu übertragen.

Die Krämerbrücke in Erfurt ist die längste durchgehend mit Häusern bebaute Brücke Europas. 32 dreistöckige Gebäude säumen den Übergang über die Gera, der in seiner jetzigen Form seit 1472 besteht.

Erst 18 Jahre war Johann Sebastian Bach alt, als er 1703 die Stelle des Organisten in der Arnstädter Kirche antrat. Heute steht das ihn als jungen Mann zeigende Denkmal auf dem Marktplatz vor dem schmucken Renaissance-Rathaus.

Das mittelalterliche Ensemble der Türme des Doms (links) und der Severikirche krönt das „Thüringsche Rom": die Landeshauptstadt Erfurt. Der Domschatz birgt eine bedeutende Sammlung sakraler Kunst.

Die Stiftskirche St. Severin mit ihren drei charakteristischen Spitztürmen entstand im 13. und 14. Jahrhundert auf Fundamenten romanischer Sakralbauten. Der Sarkophag des heiligen Severus befindet sich in der Kirche, die reich mit gotischem und spätgotischem Bildwerk ausgestattet ist.

Thüringen

Thüringen

Thüringen, Deutschlands Mitte, hat in weiten Teilen seine landschaftliche Unschuld bewahrt. Zwischen Werra und Saale, Wartburg und Kyffhäuser fand die Nation ihre Mythen. Blick vom Bockfelsen auf den Hohenwarte Stausee, der in den 1930er-Jahren durch Anstauung der Saale mittels einer nahe der namensgebenden Thüringer Ortschaft Hohenwarte gelegenen Staumauer entstanden ist. Mit dem Speicherraum von 182 Millionen Kubikmetern Wasser ist diese Talsperre die viertgrößte in Deutschland. Das Wasser wird zu einer Gewässeroberfläche von 7,3 Quadratkilometern (jahreszeitlich leicht schwankend, abhängig vom Wasserstand) angestaut. Zweck des Stausees ist der Hochwasserschutz, die Betriebswasserversorgung und die Elektrizitätserzeugung und -speicherung durch ein Pumpspeicherwerk.

Im Jahre 1640 wurde Gotha Residenz der Herzöge von Sachsen-Gotha. Das frühbarocke Schloss Friedenstein beherbergt das Schlossmuseum mit einer der frühesten ägyptischen Sammlungen Europas.

Das aus dem 14. Jahrhundert stammende gotische Rathaus von Jena wird überragt vom fast 160 Meter hohen Jentower. Die Universitätsstadt an der Saale gilt als Zentrum der deutschen Optik- und Feinmechanikindustrie.

Über der kleinen Stadt Ranis südlich von Jena thront die gleichnamige Höhenburg. Ihre Geschichte reicht bis ins 12. Jahrhundert zurück. Geprägt wird ihr Aussehen jedoch von den Ausbauten aus dem 17. Jahrhundert im Stil der späten Sächsischen Renaissance.

In Altenburg, der mehr als 1000 Jahre alten ehemaligen Residenzstadt im Osten Thüringens, wurde 1820 das Skatspiel erfunden. Am Markt (Foto) steht eines der bedeutendsten Renaissance-Rathäuser Deutschlands.

Thüringen

290　Das zu Beginn dieses Jahrhunderts grundlegend sanierte Rokokoschlösschen ist das mittlere und jüngste der drei Dornburger Schlösser. Das malerisch auf einem Muschelkalkfelsen über der Saale liegende, von Gärten und Weinbergen umgebene Ensemble zog bereits Johann Wolfgang von Goethe an, der hier seine Dornburger Gedichte verfasste.

Thüringen

Das Deutsche Nationaltheater in Weimar wurde 1906 anstelle des alten Baus errichtet. 1919 tagte die Nationalversammlung hier. Das Doppeldenkmal der Dichter Goethe und Schiller, geschaffen von dem Bildhauer Ernst Rietschel, wurde 1857 eingeweiht.

„Übermütig siehts nicht aus", bemerkte Johann Wolfgang von Goethe über sein bescheidenes Gartenhaus nahe der Ilm in Weimar. Hier entstanden bedeutende Dichtungen, unter anderem das „Lied an den Mond".

Das üppig gestaltete barocke Lustschloss Belvedere bei Weimar zählt als Teil des Ensembles „Klassisches Weimar" zum UNESCO-Weltkulturerbe und zu den schönsten Residenzen Thüringens.

Thüringen

Die Veste Wachsenburg gehört zum mittelalterlichen Burgenensemble Drei Gleichen, das auf einem Höhenzug zwischen Gotha und Arnstadt liegt. Vermutlich wurde sie im 10. Jahrhundert durch die Eigentümer des Klosters Hersfeld errichtet. Später wurde sie adliger Besitz, danach von Raubrittern besetzt und schließlich geplündert. Erst Anfang des vorletzten Jahrhunderts erhielt sie ihre heutige Gestalt. Während die Mühlburg und die Burg Gleichen nur noch gut erhaltene Ruinen sind, wird die Wachsenburg als Hotel und Restaurant genutzt.

Thüringen

Der Thüringer Wald, ein etwa 70 Kilometer langes und 20 Kilometer breites Kammgebirge, ist ein beliebtes Wander- und Skigebiet. Vor allem der Rennsteig, der älteste Fernwanderweg Deutschlands, zieht Naturfreunde an.

Der Ort Lauscha im Süden des Thüringer Waldes ist für seine Glasbläserkunst bekannt. Der hier hergestellte gläserne Christbaumschmuck wird weltweit exportiert. Auch das künstliche Menschenauge aus Glas wurde hier 1835 erfunden.

Paulina, die Tochter eines Lehnsmannes von König Heinrich IV., gründete etwa 1105 das Kloster, das später nach ihr benannt wurde: Paulinzella. Nur geraume Zeit danach begannen die Benediktinermönche mit dem Bau der dreischiffigen Basilika.

In der thüringischen Stadt Schmalkalden (rechts Schloss Wilhelmsburg) gründeten die protestantischen Reichsstände in Anwesenheit von Martin Luther 1531 den Schmalkaldischen Bund. Die Reformation hatte damit eine mächtige politische Organisation erhalten.

Thüringen

Rund 800 Jahre alt ist die 1223 erbaute Werrabrücke in Creuzburg. Die spätgotische Brückenkapelle wurde dem Schutzheiligen Liborius geweiht und war ein viel besuchter Wallfahrtsort.

Burg Creuzburg an der Werra hatte ihre Blütezeit im 12. und 13. Jahrhundert. Sie war ein bevorzugter Aufenthaltsort der Landgräfin Elisabeth von Thüringen, die wegen ihres Einsatzes für Arme und Kranke heiliggesprochen wurde.

300 Der Kyffhäuser war schon früh ein strategisch wichtiger Punkt. Bereits König Heinrich IV. (1050–1106) baute hier eine Burg, Kaiser Friedrich I., Barbarossa genannt, ließ sie erweitern. Die nahegelegene Pfalz Tilleda machte die Aufenthalte für die Herrscher angenehm und nützlich zugleich. Erst im 14. Jahrhundert entstand im Volke die Sage von Kaiser Rotbart, der im Berg schläft, bis er wiederkommen und die Herrlichkeit des Reiches erneuern werde.

Thüringen

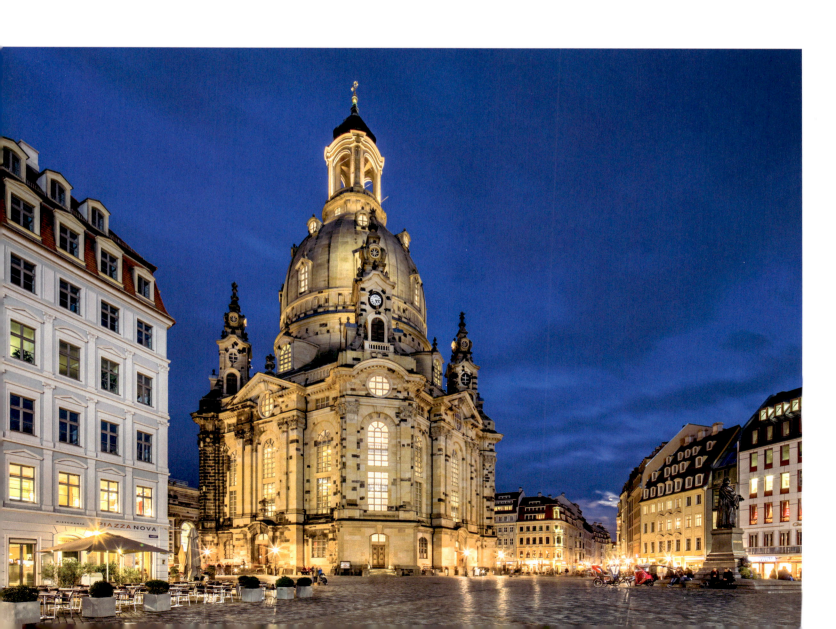

Sachsen

Als die Stadt in Trümmern lag, wünschten sich die Dresdner dieses Bild zurück. Mit dem vollendeten Wiederaufbau der Frauenkirche am Neumarkt hat sich diese Vision erfüllt.

Sachsen

Besonders im Abendlicht, wenn die historischen Gebäude Dresdens – von der Hofkirche bis zur Frauenkirche, vom Schloss bis zum Albertinum am östlichen Ende der Brühlschen Terrasse – sich in der Elbe spiegeln, ist heute schon wieder viel von dem einstigen Glanz der Elbmetropole zu spüren.

Der Zwinger ist das berühmteste Baudenkmal Dresdens. Der Barock-Baumeister Matthäus Daniel Pöppelmann und der Bildhauer Balthasar Permoser gaben dem Bauwerk 1709 bis 1732 seine einzigartige Gestalt.

Der Zwinger mit seinen Gartenanlagen wurde zur Krone der Baulust Augusts des Starken (1670–1733). Er diente dem sächsischen Kurfürsten zur Inszenierung von Veranstaltungen, bei denen alle Künste zur Unterhaltung von Volk und Hof aufgeboten wurden. Das Zusammenspiel von Architektur und Wasser gelang bei diesem Festplatz auf besonders faszinierende Weise. Die heitere Schönheit der Anlage, die Dank der Kunst der Restauratoren nach dem Zweiten Weltkrieg wiederhergestellt werden konnte, beeindruckt nach wie vor. Heute beherbergt sie die berühmte „Gemäldegalerie Alte Meister", den Mathematisch-Physischen Salon und die Porzellansammlung.

Sachsen

Das von Gottfried Semper 1871–78 entworfene Hoftheater, das heute Semperoper heißt, wurde 1945 zerstört. Am 13. Februar 1985 konnte es originalgetreu restauriert wieder festlich eingeweiht werden.

Schloss Pillnitz an der Elbe vor Dresden erinnert an die heitere Zeit des Barock. August der Starke ließ den von seinem Architekten Matthäus Daniel Pöppelmann entworfenen Bau als Sommerresidenz errichten.

Sachsen

Das „Blaue Wunder" verbindet die Dresdner Stadtteile Blasewitz und Loschwitz. Die attraktivste der elf Dresdner Elbbrücken erhielt ihren Namen nach ihrer auffallenden Farbe. Das „Blaue Wunder" ist aber auch ein technisches Wunder: Die Spannweite der 3 500 Tonnen schweren Hängebrücke beträgt 145 Meter – was für die Zeit, als sie gebaut wurde, sensationell war. Verantwortlich für diese Ingenieurleistung waren Claus Köpcke und Hans Manfred Krüger.

In den Niederungen des Friedewaldes, nordwestlich von Dresden, steht das kurfürstliche Jagdschloss Moritzburg. Die fröhlichen Rot- und Ockertöne sind Kennzeichen des sächsischen Barock. August der Starke ließ sich die großzügige Schlossanlage mit ihren vier markanten Ecktürmen von seinem „Stararchitekten", dem Westfalen Matthäus Daniel Pöppelmann, erbauen. Nicht nur äußerlich, sondern auch mit seiner kostbaren Innenausstattung blieb Schloss Moritzburg bis heute weitgehend unverändert als Museum erhalten.

Sachsen

Meißen bietet eine zu Stein gewordene tausendjährige Geschichte: Die Albrechtsburg aus dem 10. Jahrhundert, der frühgotische Dom mit seiner weithin sichtbaren Doppelturmfront und das ehemalige Bischofsschloss verbinden sich hoch über der Elbe zu einer reizvollen Silhouette.

Französische Gartenkunst des Barock gibt es in Großsedlitz bei Pirna zu erleben. Freitreppen, Terrassen, Kaskaden und ein geometrisches Wegenetz prägen die Anlage mit den beiden barocken Orangerien.

Direkt an der Elbe in Torgau liegt das prachtvolle Schloss Hartenfels aus der Frührenaissance. Auf der Hofseite des Ostflügels befindet sich der repräsentativ gestaltete Wendelstein, eine fast 20 Meter hohe 1533 bis 1535 errichtete freitragende steinerne Wendeltreppe, nach dem Kunsthistoriker Georg Dehio eine der architektonischen „Hauptleistungen der Frührenaissance in Deutschland". Der Wendelstein (Brüstungen und Pilaster) ist von Dresdner Bildhauern aus Elbsandstein angefertigt.

Sachsen

Sachsen

Caspar David Friedrich ließ sich hier zu seinem Gemälde „Der Wanderer über dem Nebelmeer" inspirieren: Das sächsische Elbsandsteingebirge zählt zu den spektakulärsten Naturlandschaften Deutschlands. Mit seinen Felsnadeln, Tafelbergen und romantischen Schluchten zieht es Bergsteiger, Wanderer und Naturliebhaber zu jeder Jahreszeit an. Berühmt ist vor allem die Formation Bastei, die über eine Brücke begehbar ist.

Spätgotik-, Renaissance- und Barockarchitektur sind in Görlitz weitgehend erhalten oder mustergültig restauriert worden und machen die Stadt am Grenzfluss Neiße zu einem beliebten Touristenziel. Die Pfarkirche St. Peter und Paul erhebt sich majestätisch über der Altstadt.

Der Azaleen- und Rhododendronpark im sorbischen Kromlau unweit von Görlitz entstand Mitte des 19. Jahrhunderts. Über den künstlich angelegten Rakotzsee spannt sich die Rakotzbrücke, die Basaltsäulen im Vordergrund werden „Orgel" genannt.

Gartenkunst und Landschaftskomposition zeichnen den von Fürst Pückler angelegten etwa 830 Hektar großen Muskauer Park aus, einen der schönsten englischen Landschaftsgärten in Deutschland und UNESCO-Weltkulturerbe.

Durch den Park fließt die Neiße, die heute die Grenze zu Polen markiert. Das Bild zeigt das Neue Schloss.

Bautzen gehört zu den schönsten mittelalterlichen Städten Sachsens. Hoch über der Spree bilden die Türme der Ortenburg, der Alten Wasserkunst, der Michaelis- und der Domkirche St. Petri ein malerisches Ensemble.

Sachsen

Das Museum der bildenden Künste in Leipzig zeigt seine umfangreiche Sammlung klassischer und zeitgenössischer Kunst seit 2004 in einem imposanten gläsernen Kubus im Zentrum der Stadt.

Die Leipziger Nikolaikirche mit der Nikolaisäule. Ihr romanischer Ursprung ist bis heute sichtbar, auf ihrer Orgel spielte Johann Sebastian Bach – und sie war zentraler Ausgangspunkt der friedlichen Revolution in der DDR.

Das Leipziger Alte Rathaus entstand 1555/56 im Zeitraum von weniger als einem Jahr. Der Renaissancebau begrenzt eine Längsseite des Marktes. Trotz der Kriegszerstörungen blieben die historischen Räume unversehrt erhalten.

Von 1765 bis 1768 studierte Johann Wolfgang von Goethe in Leipzig Jura und Poetik und verfasste hier seine ersten Gedichte. 1903 setzten die Leipziger dem Dichterfürsten auf dem Naschmarkt vor dem Gebäude der Alten Handelsbörse (rechts) und der Rückfront des Alten Leipziger Rathauses ein Denkmal.

Sachsen

In der Leipziger Thomaskirche wirkte der Komponist, Kantor und Orgelvirtuose Johann Sebastian Bach von 1723 bis zu seinem Tod 1750. In dieser Zeit leitete er auch den berühmten, 1212 gegründeten Thomanerchor.

Das Barfußgässchen, das auf den Markt mündet, in der Leipziger Altstadt – heute eine beliebte Kneipenmeile – hat seinen Namen von den Franziskanermönchen, den „Barfüßern", die über sie von ihrem Kloster zum Markt und zurück gingen.

Die Mädlerpassage in Leipzig: Einkaufsparadies und Adresse der Weltliteratur. In Auerbachs Keller spielt eine Szene aus Goethes „Faust", in der Mephisto die Leipziger Studenten narrt. Goethe, der als Student von 1765 bis 1768 in der Messestadt lebte, hat in diesem Gasthaus manch feucht-fröhliche Stunde verbracht.

Leipzig lässt sich auch gut vom Wasser aus erleben: Bootstouren auf der Weißen Elster und dem 3,3 Kilometer langen Karl-Heine-Kanal, der die Stadt mit der Saale verbindet, bieten spannende Perspektiven.

Sachsen

322 Die Burg Kriebstein im Zschopautal bei Waldheim liegt direkt im Zentrum des Städtedreiecks Dresden-Chemnitz-Leipzig. Die spätgotische Burg aus dem 14. Jahrhundert erhebt sich auf einem steilen Felsen über der Zschopau, einem Zufluss der Freiberger Mulde. In der „schönsten Ritterburg" Sachsens fühlen Sie sich ins Mittelalter zurück versetzt. Erkunden Sie die 600jährige Geschichte dieses vollständig erhaltenen und komplett sanierten Ensembles. Den Kern der Burg bildet ein Museum mit einer umfangreichen Dauerausstellung und wechselnden Sonderausstellungen.

Sachsen

Die Bergbaustadt Zwickau erlangte vom 14. Jahrhundert an auch durch die Tuchproduktion wirtschaftliche Bedeutung. Daran erinnert noch das ehemalige Gewandhaus am Hauptmarkt mit dem schwungvoll gestalteten Staffelgiebel, das in den zwanziger Jahren des 16. Jahrhunderts entstand. Rechts daneben das Rathaus, dass wie ein florentinischer Palast wirkt.

Sachsen

Chemnitz ist die drittgrößte Stadt in Sachsen. Das Alte Rathaus, dass aus dem 15. Jahrhundert stammt, mit dem Hohen Turm und dem 1911 eingeweihten Neuen Rathaus (rechts) bilden den Mittelpunkt dieser seit alters her wichtigen Industriestadt.

Das um 1520 erbaute Renaissanceschloss Colditz wurde international bekannt als Gefangenenlager für alliierte Offiziere im Zweiten Weltkrieg.
Große Teile der über der Zwickauer Mulde gelegenen Anlage wurden unter Kurfürst Friedrich dem Weisen (1463–1525) errichtet.

Baden-Württemberg

Der zwischen 1746 und 1807 im Auftrag der württembergischen Herzöge und Könige als Residenz errichtete Barockbau des Neuen Schlosses wurde im Zweiten Weltkrieg stark beschädigt. Nach dem Wiederaufbau erstrahlt der Stuttgarter Schlossplatz, der den Mittelpunkt der Stadt bildet, in neuem Glanz. Die Jubiläumssäule von 1842 bildet einen grazilen Kontrapunkt zu dem wuchtigen Baukörper des Schlosses.

Einer bekannten Märchengestalt der Brüder Grimm ist der Hans-im-Glück-Brunnen in der Stuttgarter Altstadt gewidmet. Das Viertel um die Figur mit dem goldenen Schwein hat sich zu einem beliebten Ausgehziel entwickelt.

Das Opernhaus in Stuttgart residiert in einem neoklassizistischen Prachtbau. Das Ensemble und die Inszenierungen genießen internationales Renommee.

Architektur von Weltgeltung erwartet Kunstfreunde in der Hauptstadt Baden-Württembergs. Der Brite James Stirling gestaltete die Neue Staatsgalerie in Stuttgart im postmodernen Stil.

Die 1927 errichtete Weißenhaus- oder Werkbundsiedlung in Stuttgart gehört zum Weltkulturerbe und beherbergt ein Museum für Architekturgeschichte.

Baden-Württemberg

Heidelberg gilt als eine der schönsten Städte Deutschlands und ist Sitz der bereits 1386 gegründeten Ruprecht-Karls-Universität. Zahlreiche Schriftsteller rühmten den Blick auf Neckarbrücke und Schlossruine.

Die prächtige astronomische Uhr am Renaissance-Rathaus von Heilbronn kündet vom einstigen Reichtum der Handelsstadt.

Der „Blaue Turm" ist das Wahrzeichen Bad Wimpfens. In der idyllischen Fachwerkstadt am Neckar finden sich Reste einer Kaiserpfalz der Staufer.

Baden-Württemberg

Die Brunnenkapelle des ehemaligen, im 12. Jahrhundert gegründeten Zisterzienserklosters Maulbronn. Der Legende nach tränkten Mönche hier einst ihre Maultiere – und blieben für immer.
Das Kloster Maulbronn gilt als die am besten erhaltene mittelalterliche Klosteranlage nördlich der Alpen. Hier sind Stilrichtungen von der Romanik bis zur Spätgotik vertreten.

Blick über die Kocher auf die Altstadt von Schwäbisch-Hall. Der ehemalige Salzsiederort zeichnet sich durch ein nahezu geschlossen erhaltenes historisches Stadtbild aus.

333

Tilman Riemenschneider (um 1460–1531) schuf mit dem Marienaltar in der Herrgottskirche von Creglingen ein Meisterwerk der Schnitzkunst. Seine Figuren gelangen derart ausdrucksstark, dass er auf Farbe verzichten konnte. Das wahrscheinlich 1505 bis 1508 geschaffene Retabel ist eines der wichtigsten Werke mittelalterlicher Holzbildhauerkunst.

Baden-Württemberg

Einer der bedeutendsten deutschen Dramatiker und Lyriker, Friedrich Schiller (1759–1805), wurde in Marbach am Neckar geboren. Sein 1876 eingeweihtes Denkmal steht vor dem 1903 eröffneten Schiller-Nationalmuseum. In der 20 Kilometer nördlich von Stuttgart gelegenen Stadt befinden sich auch das Deutsche Literaturarchiv und das Literatur Archiv der Moderne, in denen Texte und Dokumente der neuen deutschen Literatur gesammelt, geordnet und erschlossen werden.

Baden-Württemberg

Die Universitätsstadt Tübingen, deren erste Erwähnung von 1191 datiert, war von jeher ein geistiges Zentrum. Die Neckarfront mit dem Hölderlinturm, in dem der Dichter seine letzten Lebensjahre verbrachte, ist die schönste Ansicht der Stadt. Im Hintergrund die Stiftskirche. Die 1477 gegründete Eberhard Karls Universität gehört zu den ältesten Deutschlands. Das städtische Leben wird stark geprägt von den mehr als 27 000 Studierenden, mehr als ein Viertel der Stadtbevölkerung.

Mit Schloss Ludwigsburg erfüllte sich Herzog Eberhard Ludwig 1733 den Traum eines eigenen Versailles. Besonders imposant ist die Fassade dieses größten deutschen Barockbaus sowie die Gartenanlage.

336 Die „Burg Hohenzollern" ist die Stammburg des Fürstengeschlechts und ehemals regierenden preußischen Königs- und deutschen Kaiserhauses der Hohenzollern. Die Gipfelburg liegt auf dem 855 Meter hohen, isolierten, prominenten Bergkegel Hohenzollern, der der Schwäbischen Alb vorgelagert ist. Urkundlich wurde sie 1267 erstmals erwähnt. Die mittlerweile dritte Burganlage, zwischen 1850 und 1867 erbaut, ist auch heute noch beliebtes Ausflugsziel, das sich allein wegen der schönen Aussicht von der Stammburg des Hauses Hohenzollern über die weite Landschaft hinweg lohnt.

Baden-Württemberg

Burg Lichtenstein wurde 1840 auf der Schwäbischen Alb nach einem literarischen Vorbild, dem 1826 erschienenen Roman „Lichtenstein" von Wilhelm Hauff, erbaut.

Wilhelm Graf von Württemberg interessierte sich sehr für mittelalterliche Geschichte und historische Baudenkmäler. So entstand dieses im Stil des Historismus auf einem steilen Felsturm errichtete „Märchenschloss", dass auf einer Höhe 817 Metern über dem Tal der Echaz, einem Nebenfluss des Neckars, thront.

Ulm liegt im Osten Baden-Württembergs an der Donau. Das Münster ist nicht nur der größte deutsche Kirchenbau, sondern besitzt auch den weltweit höchsten Kirchturm (161 Meter).

Baden-Württemberg

Baden-Württemberg

Bevor der zweitgrößte Strom Europas das Schwarze Meer erreicht, muss er sich seinen Weg durch das Kalkgestein der Schwäbischen Alb suchen. In spektakulärer Lage beherrscht Schloss Werenwag das obere Donautal zwischen Tuttlingen und Sigmaringen. Die ursprünglich aus dem frühen 12. Jahrhundert stammende Burg ist in Privatbesitz und wird bewohnt.

342 Schloss Sigmaringen thront auf einem steilen Kalkfelsen direkt über der Donau. Es gehört der katholischen Linie des Hauses Hohenzollern und beherbergt ein Museum. Die ältesten Teile der Residenz stammen aus dem 12. Jahrhundert. Das heutige Aussehen des Schlosses ist weitgehend dem Historismus des 19. Jahrhunderts zu verdanken. Auch wenn es sich nicht um ein architektonisches Kunstwerk handelt – seine Wirkung ist grandios.

Baden-Württemberg

Archäologische Funde und Nachbauten von Pfahldörfern aus der Stein- und Bronzezeit präsentiert das Pfahlbaumuseum in Unteruhldingen am Bodensee.

Zahlreiche prähistorische Siedlungsreste im Alpengebiet sind Weltkulturerbe.

An die mittelalterliche Blütezeit der Bodensee-Stadt Konstanz erinnert das 1388 erbaute Konzilgebäude. Hier fand von 1414 bis 1418 die einzige Papstwahl nördlich der Alpen statt.

Die Meersburg, am nördlichen Ufer des Bodensees und oberhalb der Unterstadt von Meersburg gelegen, gilt durch ihre Erbauung im 7. Jahrhundert als älteste bewohnte Anlage dieser Art in Deutschland.

Unvergleichlich ist die Farbenpracht auf Mainau. Die Blumeninsel mit dem mediterranen Klima liegt nicht weit entfernt von Konstanz im Bodensee.

Baden-Württemberg

Baden-Württemberg

Für die Bodensee-Insel Reichenau sollte sich der kunsthistorisch interessierte Besucher wenigstens einen Tag Zeit nehmen. Nirgendwo in Deutschland hat die frühe Romanik so eindrucksvolle Zeugnisse hinterlassen wie in den drei Kirchen der Reichenau. Im etwas abseits gelegenen Niederzell (Foto) steht die doppeltürmige Kirche St. Peter und Paul, die von außen eine geschlossene romanische Form zeigt. Begonnen wurde die Säulenbasilika im 11. Jahrhundert, doch dann haben Gotik und Barock neue, durchaus bereichernde Akzente gesetzt.

348 Eine Villa im maurischen Stil ließ Wilhelm I. von Württemberg Mitte des 19. Jahrhunderts auf einer Landzunge im Bodensee errichten: Schloss Montfort. Heute gehört das Anwesen der Gemeinde Langenargen und beherbergt unter anderem ein Restaurant und einen Konzertsaal.

Baden-Württemberg

350

Der Friedrichsplatz der Quadratestadt Mannheim wurde zur 300-Jahr-Feier der Stadt 1906 angelegt. Sein Wasserturm im römischen Stil erreicht eine Höhe von 60 Metern.

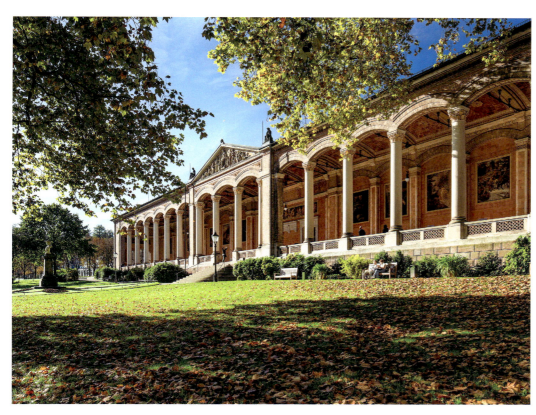

Schon vor 2000 Jahren nutzten die Römer die heilenden Kräfte der Quellen in Baden-Baden. Im 19. Jahrhundert trafen sich hier Prominenz und Adel aus ganz Europa. Auch heutzutage kuren in der weltoffenen Stadt an der Oos Namen von Rang. Das Bad ist nach wie vor „in", und die neue Trinkhalle (Foto) wird gerne besucht.

Das Herz des Badener Landes ist immer noch Karlsruhe, auch wenn die Stadt bei der bundesstaatlichen Neuordnung nach dem Zweiten Weltkrieg ihren Rang als badische Metropole verloren hat. Bis 1918 residierten die Herzöge von Baden im Karlsruher Schloss. Es ist das Zentrum einer im 18. Jahrhundert planmäßig geschaffenen Stadtanlage.

Das Residenzschloss der Markgrafen von Baden-Baden ist das Wahrzeichen von Rastatt. In dem prunkvollen Barockbau befinden sich heute unter anderem das Wehrgeschichtliche Museum und die Erinnerungsstätte für die Freiheitsbewegungen in der deutschen Geschichte.

Baden-Württemberg

Das Freilichtmuseum „Vogtsbauernhof" in Gutach präsentiert die verschiedenen Bauformen der Schwarzwaldhöfe. Der in Gutach beheimatete „Bollenhut" ist das berühmteste Schmuckstück der Schwarzwälder Tracht.

Sommer- und Sonnenstimmung am Schluchsee im südlichen Schwarzwald. Herrliche Rad- und Wanderwege locken Urlauber in die Mittelgebirgslandschaft im Südwesten Deutschlands.

Im Münstertal zeigt sich der Schwarzwald von seiner schönsten Seite. Von Staufen bis zum 1414 Meter hohen Belchen schmiegen sich die Bauernhöfe an die bewaldeten Hänge. Blick auf St. Trudpert. Kirche und Konventsgebäude der ehemaligen Klosteranlage wurden vom Vorarlberger Peter Tumb zwischen 1715 und 1722 in schönstem Barock erbaut.

Baden-Württemberg

Das Wahrzeichen Freiburgs ist das „Münster Unserer Lieben Frau". Die im romanischen Stil begonnene und größtenteils im Stil der Gotik und Spätgotik vollendete römisch-katholische Stadtpfarrkirche wurde etwa 1200 bis 1513 erbaut. Neben den eindrucksvollen mittelalterlichen Glasfenstern gilt der 116 Meter hohe Turm als ein architektonisches Meisterwerk der Gotik, den der Kunsthistoriker Jacob Burchhardt als „wohl schönsten Turm auf Erden" beschrieb. Freiburg ist aber auch berühmt für sein mediterranes Klima und die Nähe zu Frankreich, was nicht nur die Studenten in der Universitätsstadt im Breisgau zu schätzen wissen.

Baden-Württemberg

Das Markgräflerland bietet eine bezaubernde Landschaft und eine exzellente Küche. Geradezu lieblich präsentiert es sich zur Zeit der Kirschblüte, wie hier in Obereggenen.

Wie Perlen an einer Schnur reihen sich am Hochrhein malerische Städtchen. In Laufenburg verbindet eine alte Brücke den deutschen mit dem schweizerischen Teil des Ortes.

Der sonnenverwöhnte Kaiserstuhl in Südbaden, ein kleines Mittelgebirge vulkanischen Ursprungs, ist berühmt für seine Weine. Blick auf Oberrottweil und die den Ort umgebenden berühmten Weinlagen. Aufgrund seines milden Klimas gedeihen auch zahlreiche Orchideen. Exotische Tiere wie der Bienenfresser und die Smaragdeidechse sind hier beheimatet. Seinen Namen hat der Kaiserstuhl vermutlich von König Otto III. erhalten, der bei Sasbach am 22. Dezember 994 einen Gerichtstag abhielt. Danach wurde das „Gebirge" als „Königsstuhl" bezeichnet. Nachdem Otto III. 996 zum Kaiser gekrönt worden war, wurde aus dem „Königsstuhl" der „Kaiserstuhl".

Baden-Württemberg

Bayern

Volkstanz vor einer der berühmtesten Rokokokirchen der Welt, der Wieskirche bei Steingaden. Das von Dominikus und Baptist Zimmermann geschaffene Gotteshaus, seit 1984 Weltkulturerbe, zieht jährlich eine Million Pilger und Kunstfreunde aus aller Welt an. Der Grundstein für die Wieskirche wurde 1745 gelegt, nachdem eine in der Nähe gelegene Kapelle die Pilger zum „Gnadenbild des gegeißelten Heilands" nicht mehr hatte fassen können. 1749 wurde die hölzerne Christusfigur, die angeblich echte Tränen geweint haben soll, mit großem Pomp in das nur teilweise fertiggestellte Gotteshaus überführt.

Idyllisch am Ufer der Fränkischen Saale liegt das Minoritenkloster Schönau. Die 1142 vom Kloster Eberbach gegründete Zisterzienserabtei bestand bis 1558. Sie galt neben Maulbronn als bedeutendstes Kloster der Kurpfalz. Außer geringen Resten der mächtigen Klosterkirche haben sich von der großen Konventanlage nur die markante Klosterpforte und das sogenannte Herrenrefektorium erhalten, das heute als evangelische Kirche dient.

Die aus dem Mittelalter stammende Burg Rothenfels im gleichnamigen Ort am Main dient heute als christliche Jugendherberge und Bildungsstätte.

Schloss Johannisburg ist das Wahrzeichen von Aschaffenburg. Die Anfang des 17. Jahrhunderts aus Rotsandstein erbaute Anlage mit ihren vier großen Flügeln gehört dem Freistaat Bayern und beherbergt ein Kunstmuseum.

Ein Wasserschloss wie aus dem Märchen: Mitten im tiefen Wald des Spessart liegt seit dem 15. Jahrhundert Mespelbrunn. Schloss Mespelbrunn verdankt seine Entstehung einer Schenkung des Mainzer Erzbischofs Johann II. von Nassau, der 1412 seinem kurfürstlichen Forstmeister Hamann Echter im Talgrund am einem Weiher ein Haus errichten ließ, das dessen Sohn erweiterte und mit einem Wassergraben umschloss. Die nachkommenden Generationen verwandelten das inzwischen befestigte Anwesen in ein Renaissanceschloss.

Bayern

Einem Felsennest gleicht der Ort Tüchersfeld in der Fränkischen Schweiz. Bizarre Gesteinstürme und Tropfsteinhöhlen prägen diesen Landstrich zwischen Nürnberg, Bayreuth und Bamberg.

Bayern

Bereits 5000 v. Chr. war das Staffelbergplateau besiedelt. Aus keltischer Zeit sind noch die Reste eines Ringwalls zu erkennen. Später erlangte der Staffelberg Bedeutung durch die Verehrung der Äbtissin Adelgundis, wovon eine Wallfahrtskirche zeugt. Vom 539 Meter hohen Gipfel hat man eine prächtige Aussicht auf die Fränkische Alb.

Im Herzen der Fränkischen Schweiz liegt Gößweinstein, seit dem 16. Jahrhundert ein bedeutender Wallfahrtsort: die Basilika zur Heiligen Dreifaltigkeit (rechts) wurde von 1730 bis 1739 von Balthasar Neumann gebaut. Im Hintergrund Burg Gößweinstein, deren Räume besichtigt werden können.

Die Volkacher Mainschleife bildet das Herzstück des Weinanbaugebietes Franken. Die Gegend zählt zu den wärmsten und trockensten Klimazonen Deutschlands – beste Voraussetzung für einen guten Tropfen.

Der Marktplatz von Volkach wird vom Renaissance-Rathaus mit Sockelgeschoss und Außentreppe sowie dem Brunnen mit der Figur einer Maria Immaculata geprägt.

Die 1744 vollendete Würzburger Residenz wurde als „außergewöhnlichstes" Barockschloss bereits 1981 in den Rang eines Weltkulturerbes erhoben. Im Vordergrund der 1894 feierlich enthüllte Frankoniabrunnen.

Hoch über dem Main ließen sich die Würzburger Fürstbischöfe die Festung Marienberg erbauen. Unten wacht auf der Alten Mainbrücke der Frankenapostel Kilian über die Stadt, deren Schutzpatron er ist.

Bayern

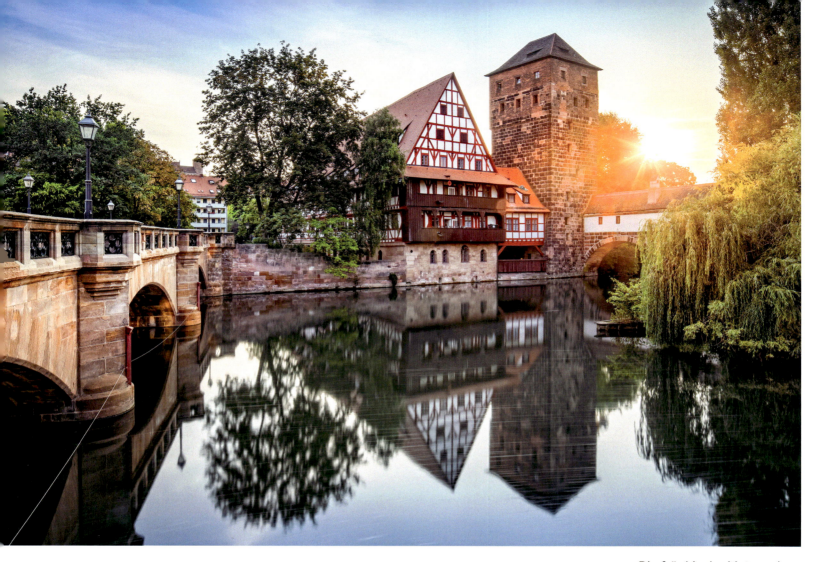

Die fränkische Metropole Nürnberg ist eine Stadt mit reicher Kaufmannstradition. Das an der Pegnitz gelegene Weinstadel und der Wasserturm am Henkersteg gehören zu den wichtigsten Baudenkmälern der Altstadt.

Bayern

Das Alte Rathaus von Bamberg prägt die historische Innenstadt. Auf einer Regnitzinsel gelegen, symbolisiert es die Zweiteilung der Stadt: Die Bergseite des Rathauses widmet sich der ehemaligen bischöflichen Obrigkeit, die Talseite den bürgerlichen Tugenden.

Eigens für seine Werke ließ Richard Wagner ein Festspielhaus auf dem Grünen Hügel von Bayreuth errichten. Seit 1876 mit den Klängen seiner Opern-Tetralogie „Ring des Nibelungen" Bayreuth ins Bewusstsein der Welt gerückt wurde, erklingen hier jährlich die Opern des Musikgenies.

Aufragende Türme, trutzige Mauern und enge Gassen verleihen Rothenburg ob der Tauber seine einzigartige Stadtsilhouette. Die im Zweiten Weltkrieg zerstörte Stadtmauer wurde mit internationaler Hilfe wiederaufgebaut. Teil davon sind der Siebersturm am Plönlein (links) und das Kobolzeller Tor (rechts unten).

Das Augsburger Rathaus war bis 1917 der höchste Profanbau Deutschlands. Der zur Kirche St. Peter gehörende Perlachturm wurde Anfang des 17. Jahrhunderts an die Fassade des Rathauses angepasst. Augsburg, das zu den ältesten Städten Deutschlands gehört und bereits 15 v. Chr. als römisches Heerlager gegründet wurde, ist die einzige deutsche Stadt mit einem auf das Stadtgebiet beschränkten gesetzlichen Feiertag, dem "Augsburger Hohen Friedensfest", das jedes Jahr am 8. August gefeiert wird.

Dinkelsbühl ist eine der schönsten Städte an der Romantischen Straße. Bereits König Ludwig I. von Bayern stellte die Stadt in der ersten Hälfte des 19. Jahrhunderts unter Denkmalschutz.

Durch Handelsgeschäfte und als Bankiers von Kaisern und Päpsten erwarb die Augsburger Kaufmannsfamilie Fugger ein riesiges Vermögen. 1516 bis 1526 ließen die Brüder Fugger für bedürftige Bürger die „Fuggerei" erbauen.

Bayern

Bayern

Unweit von dem bereits im 7. Jahrhundert gegründeten ältesten Kloster Bayerns, Weltenburg, bietet sich ein Naturschauspiel ganz besonderer Art: Die Donau bricht hier auf einer Länge von fünf Kilometern durch den Fränkischen Jura.

Der Bayerische Wald ist eines der beliebtesten Urlaubsziele der Deutschen. Herrliche Wanderwege, unverfälschte Natur und echte Urwälder findet man vor allem im Nationalpark.

Bayern

„Bayerisches Venedig" nennt man das malerische Passau mit seinem Dom St. Stephan (links) und der Kirche St. Paul. Drei Flüsse vereinigen sich in der niederbayrischen Bischofsstadt: Donau (Foto), Inn und Ilz.

Die Regensburger können sich der ältesten Brücke über die Donau rühmen: Mit ihren 16 Bögen ist die von 1135 bis 1146 erbaute Steinerne Brücke ein beeindruckendes Zeugnis mittelalterlicher Baukunst. Rechts sind die Türme des Doms St. Peter zu erkennen, der neben dem Kölner Dom zu den bedeutendsten gotischen Kathedralen in Deutschland gehört.

Blick vom Englischen Garten auf die Silhouette Münchens, der „Weltstadt mit Herz". Links die Heilig-Geist-Kirche, dann die Frauenkirche und rechts im Bild die Theatinerkirche.

Bayern

Ein beliebter Treffpunkt im Englischen Garten ist der von Leo von Klenze gestaltete Monopteros. König Ludwig I. ließ den Rundtempel 1833 bis 1838 zu Ehren seiner Vorgänger, Kurfürst Karl Theodor und König Maximilian I., errichten.

Der Englische Garten, heute ein 367 Hektar großer Landschaftspark inmitten von München, wurde Ende des 18. Jahrhunderts geplant und angelegt. Immer wieder gern besucht von Einheimischen und Touristen: der Biergarten am Chinesischen Turm.

Das Antiquarium in der Münchner Residenz ist eines der größten und ältesten Renaissance-Gewölbe Europas. Der Wittelsbacher Albrecht V. ließ den repräsentativen Bau 1569 errichten, um dort seine Bücher, Kleinodien und antiken Skulpturen unterzubringen. Der prächtig ausgestattete Saal wird heute für Empfänge der bayerischen Staatsregierung und für Konzerte genutzt.

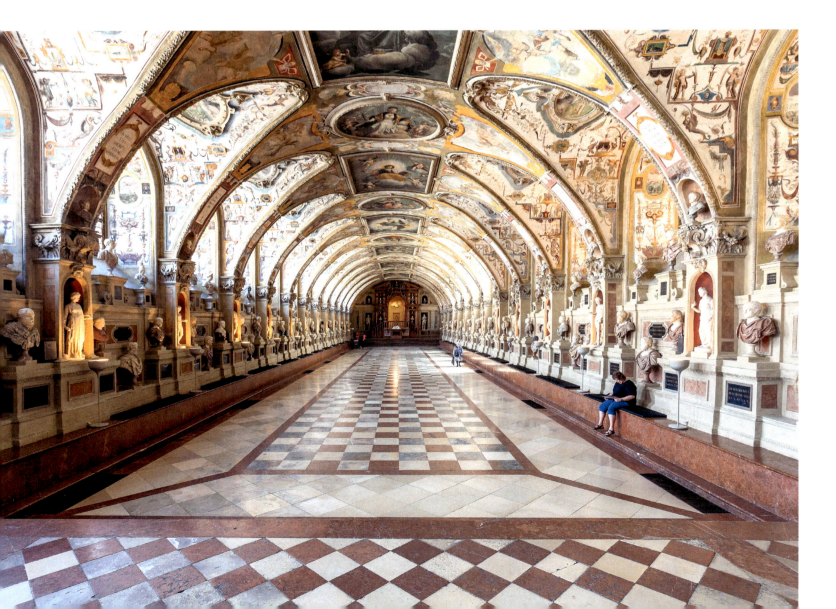

Das 2009 eröffnete Museum Brandhorst in der Münchner Maxvorstadt widmet sich der Kunst seit 1945. Es beherbergt unter anderem mehr als 200 Werke von Cy Twombly sowie mehr als 100 von Andy Warhol.

Das Lenbachhaus, eine ockerfarbene Villa im Stil der Neorenaissance, präsentiert eine hervorragende Sammlung von Werken des 19. und 20. Jahrhunderts, vor allem Gemälde von Künstlern des „Blauen Reiters".

Bayern

Höhepunkt der Bierseligkeit in München: das Oktoberfest auf der Theresienwiese. An klaren Tagen scheinen beim Blick von der St.-Paulus-Kirche über das Festgelände die Alpen zum Greifen nah.

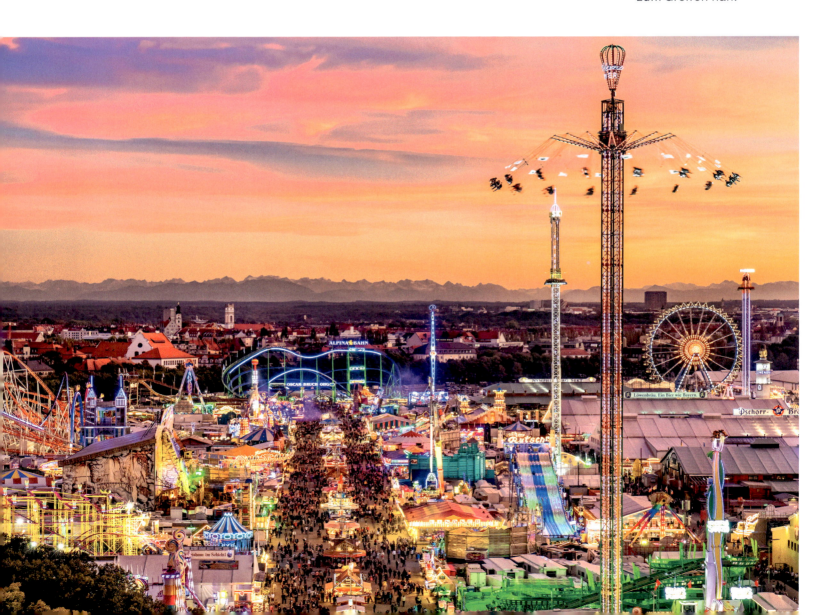

Der Marienplatz mit dem Alten und dem Neuen Rathaus bildet von jeher das Zentrum Münchens. Vom Turm der Pfarrkirche St. Peter hat man einen schönen Rundblick über die Stadt und das 1867 bis 1908 errichtete Neue Rathaus. Links die Frauenkirche, die zu den Wahrzeichen der bayerischen Landeshauptstadt zählt.

Hier schlägt das Herz der Stadt. Am Viktualienmarkt gibt es nicht nur ein reiches Angebot an Obst, Gemüse und Schmankerln, sondern er ist auch ein beliebter Treffpunkt der Münchener.

Kaum ein Tourist, der dort nicht ein Bier trinken möchte: das Hofbräuhaus in München. Im Festsaal des traditionsreichen Hauses wurde aber auch Geschichte geschrieben. Arbeiter- und Soldatenräte riefen hier 1919 die Bayerische Räterepublik aus.

Bayern

Bayern

Der bayrische Kurfürst Ferdinand Maria ließ 1664 bis 1674 Schloss Nymphenburg und den umgebenden Park im Westen Münchens errichten und schenkte das Ensemble seiner Frau Henriette von Savoyen nach der Geburt des Thronfolgers Max Emanuel. Bis Mitte des 18. Jahrhunderts folgten zahlreiche Erweiterungsbauten.

382　Malerisch hat sich der Chiemsee in die Voralpenlandschaft gebettet. Das auch „Bayrisches Meer" genannte größte Gewässer des südlichsten Bundeslandes ist vor allem bekannt durch seine Inseln, von denen die Fraueninsel (Foto) mit ihrem Benediktinerinnenkloster Frauenwörth ebenso berühmt ist wie die daneben liegende Herreninsel mit dem Schloss Herrenchiemsee.

Bayern

Im ehemaligen Kloster Tegernsee, dem einst wichtigsten Benediktinerkloster Oberbayerns, befinden sich heute neben einem Restaurant auch das weithin bekannte Bräustüberl der Tegernseer Brauerei und das Gymnasium Tegernsee. Einziges geistliches Relikt ist die Pfarrkirche St. Quirin.

Rottach-Egern am Tegernsee mit seinem Malerwinkel und St. Laurentius setzt auf gehobenen Tourismus. Sportler finden hier auf dem 1722 Meter hohen Wallberg (im Hintergrund) eine Winterrodelbahn und ein Paragliding-Zentrum.

Bayern

Bayern

Seen, saftige Wiesen, idyllische Orte und am Horizont die Zugspitze: Das Bayerische Voralpenland mit dem Staffelsee im Vordergrund und dem kleinen Riegsee bietet die malerischsten Panoramen.

388

Eine bayrische Bilderbuchansicht: Vor dem herrlichen Panorama der Allgäuer Alpen steht die Wallfahrtskirche St. Coloman, ein Bau des 17. Jahrhunderts.

Die beiden Zwiebeltürme des im 8. Jahrhundert gegründeten Klosters Benediktbeuern haben schon Johann Wolfgang von Goethe im Vorbeifahren entzückt. Im Hintergrund ragt die 1800 Meter hohe Benediktenwand auf.

Beeindruckend! Die Partnachklamm ist ein 702 Meter langer und teilweise über 80 Meter tiefer Einschnitt im Reintal bei Garmisch-Partenkirchen. Sie wurde bereits 1912 zum Naturdenkmal erklärt.

Bayern

390 Das im Allgäu gelegene Schloß Neuschwanstein, erbaut von 1866 bis 1886, gehört zu den meist besuchten Sehenswürdigkeiten Deutschlands. Der bayerische König und Wagnerfreund Ludwig II., der 1886 zusammen mit seinem Psychiater im Starnberger See ertrank, hat seinen versponnenen Ideen mit diesem im Stil der deutschen Ritterburgen errichteten Bauwerk ein Denkmal gesetzt.

Bayern

Alpenidylle pur: die Pfarrkirche St. Sebastian in Ramsau im Berchtesgadener Land. Die Gemeinde am Hintersee liegt im Nationalpark Berchtesgaden und ist ein beliebtes Ferienziel.

Bayern

Das 1930 Meter hoch gelegene Watzmannhaus ist der wichtigste Stützpunkt für Bergsteiger auf dem Weg zu den Gipfeln des Watzmann-Massivs.

Blick vom 1874 Meter hohen Jenner auf den Königssee. Die wunderbare Aussicht muss nicht erwandert werden: Die 2019 modernisierte Jennerbahn überwindet die 1160 Meter Höhendifferenz in wenigen Minuten.

Bayern

Die Rappenseehütte liegt oberhalb von Oberstdorf in unmittelbarer Nähe des Großen und Kleinen Rappensees. Sie wurde bereits 1895 auf 2091 Metern Höhe gebaut und ist heute nach mehreren Erweiterungen die größte Hütte des Deutschen Alpenvereins. Sie ist von Mitte Juni bis Mitte Oktober geöffnet. Die bedeutendsten Gipfel im Bereich der Hütte sind der Biberkopf (2599 Meter) und Hohes Licht (2651 Meter).

Bayern

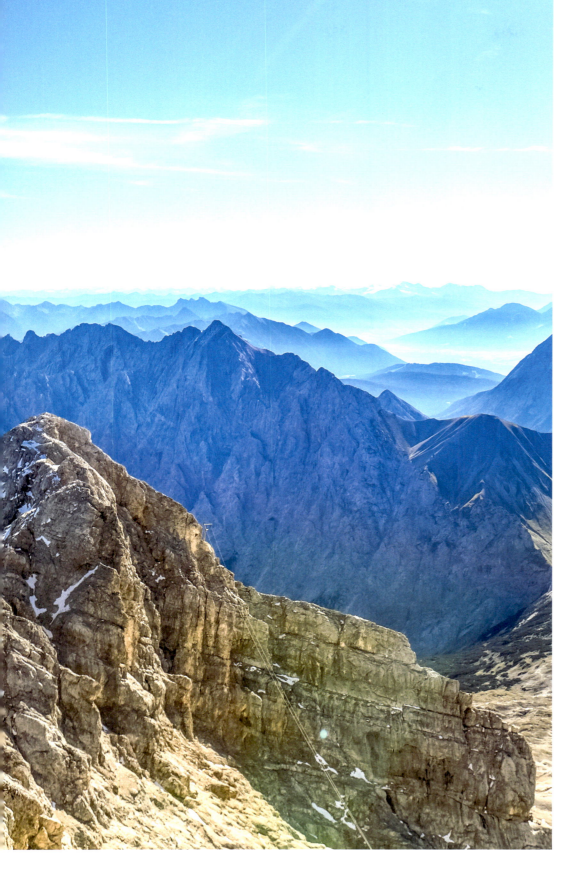

Die Zugspitze am Westrand des Wettersteingebirges ist mit 2962 Metern der höchste Berg Deutschlands. Wer die Mühen einer Bergwanderung zum Gipfel scheut, kann die Bergspitze mit dem herrlichen Weitblick über die Alpen auch über drei Seilbahnen erreichen. Die erste namentlich nachgewiesene Besteigung der Zugspitze gelang 1820 dem Vermessungsingenieur und damaligen Leutnant des bayerischen Heeres Josef Naus, seinem Messgehilfen Maier und dem Bergführer Johann Georg Tauschl. Heute gibt es drei Normalwege auf den Gipfel: Von Nordosten aus dem Höllental, von Südosten aus dem Reintal und von Westen über das Österreichische Schneekar. Mit dem Jubiläumsgrat führt eine der bekanntesten Gratrouten der Ostalpen auf die Zugspitze.

Baden-Württemberg

Fläche: 35 751 Quadratkilometer
Einwohner: 11 Millionen
Hauptstadt: Stuttgart (634 000 Einwohner)
Größere Städte: Karlsruhe (313 000 Einwohner),
Mannheim (309 000), Freiburg im Breisgau (230 000),
Heidelberg (160 000)

Geografisches: Baden-Württemberg ist Frankreich und der Schweiz benachbart, wobei größtenteils der Rhein die Grenze bildet. An die Oberrheinische Tiefebene schließt sich der Schwarzwald an, ein beliebtes Mittelgebirgs-Erholungsgebiet. Im Süden reicht das Land bis zum Bodensee, auch „Schwäbisches Meer" genannt. Die Hauptstadt Stuttgart liegt inmitten des Neckarbeckens.
Geschichte: Wie der Stauferlöwe im Wappen belegt, versteht sich Baden-Württemberg als Nachfolger des einstigen Herzogtums Schwaben, das unter dem Kaisergeschlecht der Staufer im Mittelalter eine territo-

riale Einheit war. In der Folgezeit kam es in diesem Gebiet zu einer Zersplitterung in über 600 Herrschaftsgebilde, von denen zu Beginn der Neuzeit allein die Kurpfalz, die österreichischen Vorlande, die hohenlohischen Fürstentümer, das Fürstbistum Würzburg, die Hohenzollern-Lande, das Herzogtum Württemberg und die badischen Markgrafschaften größere Bedeutung hatten. Mit der Flurbereinigung 1803 bis 1806 verloren alle diese Territorien mit Ausnahme Badens, Württembergs und Hohenzollerns ihre Eigenständigkeit. Die beiden Mittelstaaten, das Königreich Württemberg und das Großherzogtum Baden, standen im 19. Jahrhundert vor der schwierigen Aufgabe, die von unterschiedlichen Traditionen, Konfessionen und ökonomischen Voraussetzungen geprägten Regionen zu einheitlichen Gebilden mit einer modernen, rechtsstaatlichen Verfassung zusammenzufügen. Mit dem Ende der deutschen Monarchie 1918 wurden beide zu Republiken, die nach einer kurzen Zeit der demokratischen Entwicklung 1933 im diktatorischen nationalsozialistischen Einheitsstaat aufgingen.

Das heutige Baden-Württemberg ist das einzige Land, das seine Existenz einer Volksabstimmung verdankt. Die Besatzungsmächte Frankreich und USA hatten 1945 nach Kriegsende in der Region zunächst drei Länder gebildet: Württemberg-Hohenzollern, Württemberg-Baden und (Süd-)Baden. Während sich die Landesregierungen der beiden erstgenannten Länder für die Vereinigung aussprachen, stemmte sich die (süd-)badische Regierung in Freiburg zunächst dagegen, akzeptierte aber dann das Ergebnis der Volksabstimmung vom Dezember 1951, in der die Gesamtbevölkerung der drei Länder mit großer Mehrheit für einen einheitlichen Südweststaat – eben Baden-Württemberg – votierte; in (Süd-) Baden allerdings sprach sich die Mehrheit damals für die Beibehaltung der alten Länder aus.

Erst 1970 wurden die Südbadener in einer Volksabstimmung erneut wegen dieser Frage an die Urnen gebeten. Sie entschieden sich mit 81,9 Prozent für den Fortbestand Baden-Württembergs, das zu diesem Zeitpunkt schon auf eine knapp zwanzigjährige Geschichte zurückblicken konnte.

Bayern

Fläche: 70 550 Quadratkilometer
Einwohner: 13 Millionen
Hauptstadt: München (1,4 Millionen Einwohner)
Größere Städte: Nürnberg (518 000 Einwohner),
Augsburg (295 000), Regensburg (152 000),
Würzburg (127 000)

Geografisches: Bayern ist flächenmäßig das größte deutsche Land. Dank seiner landschaftlichen Schönheiten – der Alpen mit Garmisch-Partenkirchen und der Zugspitze, des hügeligen Alpenvorlandes mit seinen Seen, der durch das Donautal davon getrennten Fränkischen Alb sowie des Bayerischen Walds – ist Bayern zu einem beliebten Ferienziel geworden.
Geschichte: Bayern kann stolz auf eine fast eineinhalbtausendjährige Geschichte verweisen, war doch bereits im 6. Jahrhundert die Landnahme durch die Bajuwaren zwischen Lech, Donau und Alpen vollzogen.

Mit der Verleihung des Herzogtums Bayern an die Wittelsbacher 1180 begann eine Periode der dynastischen Kontinuität, die erst 1918 mit der Abdankung des letzten Bayernkönigs Ludwig III. endete. In dieser Zeit erlebte Bayern eine Reihe einschneidender, auch geografischer Veränderungen. Erst mit der – im Bündnis mit Napoleon durchgesetzten – Erhebung zum Königreich 1806 kamen (bis 1813) zu Altbayern die fränkischen und schwäbischen Gebiete hinzu.

Das nun geeinte Land wurde von den Wittelsbacher Königen nach zentralistischen und absolutistischen Prinzipien straff verwaltet. Der im Revolutionsjahr 1848 an die Macht gekommene König Maximilian II. begünstigte liberale und soziale Reformen. Sein Sohn ist der „Märchenkönig" Ludwig II., der Schloss Neuschwanstein bauen ließ und seinem Leben in geistiger Umnachtung durch Ertränken im Starnberger See selbst ein Ende setzte.

Mit der Gründung des Deutschen Kaiserreichs 1871 verlor Bayern wichtige Kompetenzen an die Zentralregierung in Berlin. Finanzen, Verkehr, Kultur, Justiz, Soziales und Verwaltung blieben jedoch Landessache. Als mit dem deutschen Kaiser in Berlin auch der Bayernkönig in München nach dem Ersten Weltkrieg abdanken musste, entstand der „Freistaat Bayern" mit dem Volk als Souverän. Nach einem kurzen Zwischenspiel zweier sozialistischer Räterepubliken im Frühjahr 1919 setzte sich mit Unterstützung der Reichsregierung der gewählte Landtag als Volksvertretung durch. In die Zeit galoppierender Inflation fiel Hitlers Putsch-Versuch von 1923. Während der nationalsozialistischen Diktatur verlor Bayern alle eigenstaatlichen Befugnisse.

Nach 1945 wurde das Land Bayern – allerdings ohne die Pfalz – von der amerikanischen Besatzungsmacht wiederhergestellt. Als einziges Landesparlament versagte der bayerische Landtag 1949 dem Grundgesetz der neugeschaffenen Bundesrepublik Deutschland die Zustimmung, da es seiner Ansicht nach die Rechte der Länder zu stark einschränkte; die Verbindlichkeit der Verfassung wurde jedoch bejaht. Bayern versteht sich aufgrund seiner fast eineinhalbtausendjährigen Geschichte als Verfechter des Föderalismus in Deutschland und Europa. In dem europäischen Einigungsprozess tritt der Freistaat für ein Europa der Regionen ein, in dem Föderalismus und Subsidiarität das Maß für Struktur und Handlung liefern.

Berlin

Fläche: 892 Quadratkilometer
Einwohner: 3,6 Millionen

Geografisches: In einem eiszeitlichen Urstromtal gelegen, wird Berlin von der Havel und der Spree durchflossen und verfügt daher im Stadtgebiet über zahlreiche natürliche Erholungsgebiete. Infolge der Zerstörung im Zweiten Weltkrieg, der anschließenden Abrisspolitik und vor allem des Mauerbaus lagen lange Zeit im Herzen der Stadt weite Flächen brach, die nun wieder bebaut werden. Es gibt zwei Zentren: um den Kurfürstendamm im Westen und um die Prachtstraße Unter den Linden im Osten.
Geschichte: Berlin ist relativ jung; offizielles Gründungsjahr der Doppelstadt Berlin-Cölln ist 1237. Im 14. Jahrhundert entwickelte sich die Stadt aufgrund ihrer natürlichen Lage an der Spreemündung zu einem bedeutenden Handelsplatz und spielte politisch wie ökonomisch eine herausragende Rolle in der Mark Brandenburg. Zwar verlor Berlin im 15. Jahr-

hundert diese wirtschaftliche Stellung, es wurde aber Residenz der in Brandenburg – später Preußen – regierenden Hohenzollern. Unter König Friedrich II. (Regierungszeit: 1740–1786) erlebte Berlin als Hauptstadt Preußens eine erneute Blütezeit; die Einwohnerzahl wuchs auf 150 000. Mit der Ernennung zur Reichshauptstadt 1871 begann eine neue Epoche. Berlin wuchs während der Kaiserzeit zum politischen und kulturellen Zentrum des Reichs heran, auch wenn es insofern eine besondere Entwicklung nahm, als hier die Arbeiterbewegung besonders stark war. Mit der Abdankung des Kaisers zum Ende des Ersten Weltkriegs kulminierten in Berlin die sozialen Auseinandersetzungen, unter anderem im kommunistischen Spartakusaufstand, der im Januar 1919 niedergeschlagen wurde. 1920 wurde die Stadtgemeinde Berlin durch Angliederung von mehreren Kleinstädten und Landgemeinden geschaffen.

Mit vier Millionen Einwohnern und einer Fläche von 878 Quadratkilometern war dieses Groß-Berlin die größte Industriestadt des Kontinents und hatte während der „Goldenen Zwanziger" im 20. Jahrhundert echtes Weltstadtflair. In der Zeit des Nationalsozialismus war Berlin Sitz der Hitler-Regierung. Trotzdem bildeten sich in der Stadt Widerstandsgruppen. Nach Kriegsende wurde Berlin in vier Besatzungszonen aufgeteilt und von den Siegermächten zunächst gemeinsam regiert. Die Sowjetunion zog sich im Juni 1948 aus der Stadtregierung zurück und reagierte auf die Währungsreform in den Westsektoren mit einer Blockade; die Versorgung konnte nur mit einer Luftbrücke aufrechterhalten werden. Der Ostteil wurde mit Gründung der DDR 1949 Hauptstadt des neu entstandenen Staates.

Ein sowjetisches Ultimatum beschwor 1958 eine neuerliche Krise herauf. In der Folgezeit setzte ein Flüchtlingsstrom aus der DDR ein, dem die SED-Regierung am 13. August 1961 mit dem Bau der Mauer mitten durch die Stadt ein gewaltsames Ende setzte. Nach Massenprotesten und einer Ausreisewelle wurde die Mauer am 9. November 1989 von der DDR-Regierung geöffnet. Mit der deutschen Einheit endete am 3. Oktober 1990 auch die Teilung Berlins, das wieder deutsche Hauptstadt wurde. 1991 entschied der Bundestag, dass Regierung und Parlament ihren Sitz in Berlin haben sollen.

Brandenburg

Fläche: 29 654 Quadratkilometer
Einwohner: 2,5 Millionen
Hauptstadt: Potsdam (178 000 Einwohner)
Größere Städte: Cottbus (100 000 Einwohner), Brandenburg (72 000), Frankfurt/Oder (58 000), Eisenhüttenstadt (24 000)

Geografisches: Brandenburg grenzt im Osten an Polen und umschließt Berlin. Ein steter Wechsel zwischen trockenen, sandig-lehmigen Erhebungen und feuchten, tief gelegenen, zum Teil vermoorten Talebenen mit zahlreichen Seen und Trockenlegungen charakterisiert Brandenburg mit den Landschaften Prignitz, Uckermark, Ruppin, Havelland, Mittelmark, Neumark, Fläming und Niederlausitz.
Geschichte: Nach mehreren vergeblichen Versuchen, das seit dem 7. Jahrhundert von heidnischen Slawen besiedelte Land dem christlichen Fränkischen Reich einzugliedern, gelang es dem Askanier Albrecht dem Bären im 12. Jahrhundert, das Gebiet für die deutsche Ostsiedlung zu erschlie-

ßen. Nach dem Aussterben der Askanier 1320 stand Brandenburg unter der Herrschaft der Wittelsbacher und später der Luxemburger, die das Gebiet vernachlässigten.

Mit der Belehnung der Mark Brandenburg an die Hohenzollern 1419 begann ein neuer Abschnitt: Die folgenden 500 Jahre hatte dieses Geschlecht – als Kurfürsten von Brandenburg, Könige von Preußen und deutsche Kaiser – die Herrschaft inne. Zielstrebig baute Brandenburg zunächst sein Territorium aus und gewann durch Erbschaft Anfang des 17. Jahrhunderts unter anderem das Herzogtum Preußen hinzu.

Im Dreißigjährigen Krieg (1618–1648) wurde es schwer verwüstet, der Westfälische Frieden brachte jedoch erneuten territorialen Zugewinn. Der damals regierende Friedrich Wilhelm I., der Große Kurfürst, erließ das Potsdamer Edikt. Danach wurde den aus Frankreich geflüchteten Hugenotten eine Reihe von „Rechten, Privilegien und anderen Wohltaten" garantiert. Dazu gehörten die vollen Bürgerrechte und eine kostenfreie Aufnahme in die Zünfte. Die Niederlassung und Religionsfreiheit wurden durch Privilegien gesichert. Über 300 000 Menschen, darunter 20 000 Hugenotten, 20 000 Salzburger, 7000 Pfälzer, 7000 Schweizer und 5000 Böhmen, kamen in der Folgezeit nach Brandenburg und trugen mit ihren Kenntnissen und Fähigkeiten entscheidend zum Aufbau des Landes bei. Inbegriff des Preußentums ist Friedrich II., der Große, König von 1740 bis 1786. Er schuf einen straff organisierten Beamtenstaat, förderte Handel und Gewerbe, aber auch Kunst und Wissenschaften. Zugleich beendete er eine längere Friedenszeit, indem er den Anspruch auf das zu Österreich gehörende Schlesien kriegerisch durchzusetzen versuchte. Fremde Truppen besetzten vorübergehend Berlin, Preußen jedoch wurde als Großmacht anerkannt. Nach der Niederlage Preußens gegen die napoleonische Armee 1806 blieb Brandenburg Kernland des verkleinerten Preußen, 1815 erhielt es den Status einer preußischen Provinz. Auf die Gleichschaltung durch die Nationalsozialisten und die deutsche Niederlage im Zweiten Weltkrieg folgte 1947 die Auflösung des Staates Preußen durch die Siegermächte. Die Provinz hieß vorübergehend „Land Mark Brandenburg", wurde aber 1952 bei der Gebietsreform von der DDR-Regierung in Bezirke aufgegliedert. 1990 wurde das Land Brandenburg – in veränderten Grenzen – wiederhergestellt.

Bremen

Fläche: 419 Quadratkilometer
Einwohner: 682 000
Hauptstadt: Bremen (569 000 Einwohner)
Weitere Stadt: Bremerhaven (113 000 Einwohner)

Geografisches: Die Freie Hansestadt Bremen, das kleinste Land der Bundesrepublik, besteht aus den beiden an der Wesermündung gelegenen Städten Bremen und Bremerhaven, die durch 60 Kilometer niedersächsisches Gebiet voneinander getrennt sind. Bremerhaven hat sich zu einem bedeutenden Fischereihafen entwickelt.
Geschichte: Das 787 als Bischofsstadt gegründete Bremen hat sich durch alle Wechselfälle der deutschen Geschichte weitgehend seine Unabhängigkeit bewahren können. Die Entwicklung der Stadt ist durch Hafen und Schifffahrt entscheidend geprägt. 965 bildete sich eine Kaufmannsgilde, und schon vor dem Beitritt Bremens zur Hanse 1358 trieb man von der Weser aus regen Handel zwischen Norwegen und dem Mittelmeer. Inner-

halb des hansischen Städtebundes, der vom 14. bis zum 16. Jahrhundert den Handelsverkehr im Nord- und Ostseeraum beherrschte, hatte Bremen neben Hamburg und Lübeck eine bedeutende Position inne. Im 18. Jahrhundert begann die Blütezeit des Ostasien- und Amerikahandels, und im 19. Jahrhundert war Bremen ein wichtiger Auswandererhafen.

Nach der Auflösung des Heiligen Römischen Reiches Deutscher Nation (1806) gelang es dem damals regierenden Bürgermeister Johann Smidt, die Unabhängigkeit der Freien Stadt Bremen im Deutschen Bund zu sichern. Smidt war es auch, der 1827 von Hannover einen Weseruferstreifen erwarb, aus dem das spätere Bremerhaven hervorging. Nach der Gründung des Deutschen Reichs 1871 wurde Bremen Bundesstaat mit der verfassungsrechtlich festgelegten Bezeichnung Freie Hansestadt Bremen. Anders als Hamburg und Lübeck konnte Bremen diesen Titel auch während der nationalsozialistischen Herrschaft bewahren, es wurde aber 1933 mit Oldenburg zur Reichsstatthalterschaft vereinigt. Bremerhaven wurde 1939 dem preußischen Wesermünde zugeschlagen, das Hafengelände jedoch blieb bremisches Gebiet.

Die amerikanischen Besatzer, die zum Jahreswechsel 1946/47 die Briten ablösten, proklamierten noch 1947 das Land Bremen, das auch mit Gründung der Bundesrepublik Deutschland als Freie Hansestadt Bestand hatte. Seine Rolle als Hafenumschlagplatz hat das Land Bremen bis in die Gegenwart bewahrt.

Ein durchgreifender Strukturwandel sorgte zugleich für die Ansiedlung von Großunternehmen anderer Branchen sowie für die Entstehung kleiner und mittlerer Betriebe mit innovativem Programm. Heute sieht Bremen seine Zukunft in der Kombination von Außenhandel, Dienstleistungen und Hightech-Industrien.

Hamburg

Fläche: 755 Quadratkilometer
Einwohner: 1,84 Millionen

Geografisches: Die Freie und Hansestadt Hamburg liegt an der Elbe und kann auch von großen Seeschiffen angelaufen werden. Der Fluss mit dem malerisch am Hang gelegenen Blankenese, den beeindruckenden modernen Hafenanlagen und der neugotischen Speicherstadt prägt bis heute das Gesicht der Metropole, die durch die im Herzen gelegene Außen- und Binnenalster zusätzlich begünstigt ist.
Geschichte: Das spätestens nach 810 gegründete Kastell Hammaburg hat der Stadt ihren Namen gegeben. Die Altstadt geht bis ins 9. Jahrhundert zurück, als 834 das Bistum Hamburg entstand. Im 12. Jahrhundert kam auf Initiative der Schauenburger Grafen, der Landesherren in Holstein, die Neustadt hinzu. 1189 erhielt diese – nach späterer unsicherer Überlieferung – von Kaiser Friedrich Barbarossa Handels-, Zoll- und Schifffahrtsprivilegien auf der Niederelbe – die Geburtsstunde des Hamburger Hafens.

In der Städtegemeinschaft der Hanse erlangte Hamburg, das den Schauenburger Grafen landesherrliche Privilegien „abgekauft" hatte, im 14. Jahrhundert eine entscheidende Bedeutung im Nord- und Ostseehandel. Seit 1415 wurde es vom Kaiser, seit 1510 auch vom Reichstag als Reichsstadt beansprucht, erlangte die volle Anerkennung der Reichsunmittelbarkeit aber erst 1768.

Im Innern wurde Hamburg seit Ausgang des 12. Jahrhunderts vom Rat regiert, dem vor allem Mitglieder von Kaufmannsfamilien angehörten. Der Hauptrezess von 1712 bestätigte nach jahrhundertelangen Kämpfen das gemeinschaftliche Stadtregiment von Rat und Erbgesessener Bürgerschaft.

Nach dem Zwischenspiel der französischen Besatzung (1806–1814) trat die Stadt 1815 der Staatenkonföderation des Deutschen Bundes bei. 1867 wurde sie Mitglied des von Preußen beherrschten Norddeutschen Bundes und 1871 Glied des neu gegründeten Deutschen Reiches. Diese Beitritte erfolgten kaum freiwillig. Hamburg war vielmehr gezwungen, sich mit dem übermächtigen Preußen, das seit 1866 das zuvor dänische Altona sowie die Nachbarstadt Harburg mit ihren Konkurrenzhäfen kontrollierte, zu arrangieren. 1888 wurde der hamburgische Staat, der nach der Reichsgründung Zollausland geblieben war, deutsches Wirtschaftsgebiet, der Hafen blieb als „Freihafen" aber weiterhin Zollausland.

Nach der Novemberrevolution 1918 erhielt Hamburg eine demokratischere Verfassung. Die Stadt, die schon während der Kaiserzeit eine „rote Hochburg" war, wurde während der Weimarer Republik und nach dem Zweiten Weltkrieg fast durchgängig von Sozialdemokraten regiert. Während der nationalsozialistischen Herrschaft erreichte Hamburg die seit Jahrzehnten angestrebte Vereinigung mit den konkurrierenden Nachbargemeinden. 1937 wurden die preußischen Städte Altona, Harburg-Wilhelmsburg und Wandsbek sowie Randgemeinden dem Hamburger Stadtgebiet zugeschlagen, das damit seine heutige Gestalt erhielt.

Hessen

Fläche: 21 115 Quadratkilometer
Einwohner: 6,2 Millionen
Hauptstadt: Wiesbaden (278 000 Einwohner)
Größere Städte: Frankfurt am Main (753 000 Einwohner), Kassel (201 000), Darmstadt (159 000), Offenbach (128 000)

Geografisches: Das heutige Hessen, im September 1945 aus Kurhessen und Nassau, Hessen-Starkenburg, Oberhessen und aus den östlich des Rheins gelegenen Teilen von Rheinhessen geformt, liegt in der Mitte der Bundesrepublik. Obwohl Hessen mit 5,9 Prozent der Gesamtfläche relativ klein ist, gehört es zu den wirtschaftsstärksten Ländern der Bundesrepublik. Gleichzeitig ist es das Land mit der größten Waldfläche. Wirtschaftlicher Schwerpunkt ist das Rhein-Main-Gebiet mit der Stadt Frankfurt, die sich zum maßgeblichen Bankenzentrum Kontinentaleuropas entwickelt hat, und dem Rhein-Main-Flughafen.
Im Kontrast hierzu stehen die reizvollen Mittelgebirgslandschaften von

Odenwald und Westerwald, das Nordhessische Bergland sowie Taunus und Rhön. Nur eine halbe Autostunde vom Ballungsgebiet Rhein-Main entfernt beginnt das Land der Wälder und Schlösser, der Burgen und Fachwerkhäuser, lockt mit dem Rheingau eines der berühmtesten Weinbaugebiete der Welt.

Geschichte: Die Ursprünge reichen bis ins 13. Jahrhundert zurück, doch erst unter dem Landgrafen Philipp dem Großmütigen (1504–1567) wurde das hessische Gebiet so weit ausgedehnt, dass es erstmals weitere Teile des heutigen Landes umfasste. Lediglich in dieser Zeit spielte Hessen innerhalb des Reichsgebiets eine größere Rolle, etwa in der Durchsetzung der Reformation. Nach dem Tode Philipps zerfiel die Landgrafschaft in die Teile Hessen-Kassel, Hessen-Marburg, Hessen-Rheinfels und Hessen-Darmstadt.

Nach der napoleonischen Zeit bildeten sich zu Anfang des 19. Jahrhunderts im Wesentlichen drei Schwerpunkte in Hessen heraus: das Kurfürstentum Hessen-Kassel, das Großherzogtum Hessen-Darmstadt und das Herzogtum Nassau. Die in der Frankfurter Paulskirche 1848 tagende Nationalversammlung, die eine liberale gesamtdeutsche Verfassung entwerfen und einen deutschen Nationalstaat schaffen wollte, war weitgehend erfolglos und von der hessischen Umgebung ohnehin losgelöst. Die Konstituierung des Deutschen Reiches 1871 unter preußischer Dominanz beeinflusste dagegen auch die Aufteilung der hessischen Gebiete: Nach dem Preußisch-Österreichischen Krieg 1866, in dem sich die hessischen Großterritorien aufseiten der Donaumonarchie engagiert hatten, fielen weite Gebiete Hessens an das siegreiche Preußen. Kurhessen, Nassau und Frankfurt wurden zur preußischen Provinz Hessen-Nassau zusammengefasst, wohingegen das Großherzogtum Hessen-Darmstadt zwar Gebietsverluste hinnehmen musste, aber seine Eigenständigkeit behielt. Auch während der Weimarer Republik blieb Hessen-Nassau Teil des Landes Preußen, während Hessen-Darmstadt 1919 in den Volksstaat Hessen mit parlamentarisch-demokratischer Verfassung überging.

Das Land Hessen in seiner heutigen Gestalt ist durch die Proklamation der amerikanischen Militärregierung vom 19. September 1945 gebildet worden. Seine demokratische Legitimation beruht auf der Verfassung vom 1. Dezember 1946.

Mecklenburg-Vorpommern

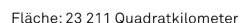

Fläche: 23 211 Quadratkilometer
Einwohner: 1,6 Millionen
Hauptstadt: Schwerin (96 000 Einwohner)
Größere Städte: Rostock (208 000 Einwohner), Neubrandenburg (64 000), Greifswald (59 000), Stralsund (59 000)

Geografisches: Mit 71 Einwohnern pro Quadratkilometer ist Mecklenburg-Vorpommern das am dünnsten besiedelte Land. Es besitzt mit der zergliederten Ostseeküste und der Seenplatte reizvolle Erholungslandschaften. Die Städte erhalten durch die vielen noch erhaltenen Backsteingotik-Bauten ihr reizvolles Gepräge. Geschichte: Mecklenburg hat seinen Namen vermutlich von der Mikilinborg, der „großen Burg", erhalten, in der der Slawenfürst Niklot im 12. Jahrhundert residierte. Sein Sohn Pribislaw war es, der sich 1167 mit dem Sachsenherzog Heinrich dem Löwen versöhnte und zum Stammvater des mecklenburgischen Herrscherhauses wurde, das bis 1918 – allerdings durch Erbteilung zersplittert – das Land regierte.

Bei Heinrichs Einzug hatte die deutsche Ostkolonisation in dem seit dem 7. Jahrhundert von slawischen Stämmen besiedelten Gebiet schon begonnen, allerdings auch im Jahr 983 durch den Slawenaufstand einen schweren Rückschlag erlitten. Im 13. Jahrhundert kam es zu vielen Stadtgründungen, und im 14. Jahrhundert erlebten die Ostseestädte, die dem „wendischen Quartier" der Hanse angehörten, eine Blütezeit. Für die mecklenburgische Geschichte stellt das Ende des Dreißigjährigen Krieges 1648 einen Einschnitt dar: Schweden annektierte für Jahrzehnte fast die gesamte Küstenregion.

Ab 1701 gab es nur noch zwei mecklenburgische Fürstentümer: Mecklenburg-Schwerin und Mecklenburg-Strelitz. Die Region war zu diesem Zeitpunkt aber schon in ihrer Entwicklung zurückgeblieben, nicht zuletzt deshalb, weil die Herzöge sich, von Erbauseinandersetzungen geschwächt, gegen die Landstände nicht durchsetzen konnten. Ab dem 16. Jahrhundert hatte sich die Ritterschaft das Recht herausgenommen, von Bauern zur Pacht überlassenes Land zurückzufordern, und länger als anderswo – bis 1820 – bestand hier die Leibeigenschaft. Eine Verfassung erhielt Mecklenburg erst nach dem Ende der Fürstenherrschaft 1918. Zuvor hatten etwa 1000 Mecklenburger – nicht gewählte Vertreter der Ritterschaft, die Bürgermeister der Städte und die Herzöge, die fast die Hälfte des Gebiets als Domanium direkt verwalteten – über die Geschicke des Landes bestimmt.

Nach dem Zwischenspiel einer parlamentarischen Demokratie erhielten die Nationalsozialisten bei den Landtagswahlen 1932 knapp die absolute Mehrheit und bildeten noch vor der Machtübernahme Hitlers im Reich die Landesregierung. Nach 1945 gehörte Mecklenburg zur sowjetischen Besatzungszone, später zur DDR, in der das Land jedoch nur bis zur Gebietsreform 1952 Bestand hatte. 1990 wurde Mecklenburg im Verbund mit Vorpommern als Land wiederhergestellt.

Vorpommern, der westlich der Oder gelegene kleinere Teil Pommerns, spiegelt weitgehend die historische Entwicklung ganz Pommerns wider. Im 18. Jahrhundert kam der südliche Teil Vorpommerns mit ganz Hinterpommern zu Preußen, erst nach dem Ende der Napoleonischen Kriege 1815 erhielt Preußen den nördlichen Teil einschließlich Rügens dazu.

Niedersachsen

Fläche: 47 709 Quadratkilometer
Einwohner: 7,9 Millionen
Hauptstadt: Hannover (538 000 Einwohner)
Größere Städte: Braunschweig (248 000 Einwohner),
Osnabrück (164 000), Oldenburg (168 000), Göttingen (119 000)

Geografisches: Sonnenstrände und Skigebiete, Hochseeklima und Märchenflüsse, das alles zugleich bietet Niedersachsen. Es reicht von der Nordsee über die Lüneburger Heide und das Weserbergland bis zum Harz und liegt dort, wo die großen Nord-Süd- und West-Ost-Verkehrsachsen sich kreuzen: in der Mitte des neuen Europa. Das dünn besiedelte Land lässt der Natur viel Raum: 20 Prozent seiner Fläche sind als Naturparks geschützt.
Geschichte: Die niedersächsische Freiheit sei der Ausgangspunkt aller modernen Freiheitsbestrebungen in Europa, schrieb der Osnabrücker Publizist Justus Möser vor 200 Jahren. Schon im ersten Jahrtausend schufen

die Sachsen hier den „Allthing", die erste Form von Demokratie auf deutschem Boden. Ihr Rechtssystem – aufgezeichnet im „Sachsenspiegel" – wurde bis nach Russland und Polen übernommen und blieb in Teilen Deutschlands bis ins Jahr 1900 gültig.

Das Sachsenreich, das von Westfalen und den Niederlanden bis an die Ostsee reichte, war kurzlebiger: Von Heinrich dem Löwen in blutigen Kreuzzügen weit nach Süden und Osten ausgedehnt, wurde es im Jahre 1180 von den deutschen Fürsten zerschlagen. Allein das heutige Niedersachsen wurde an 40 verschiedene Herrscher verteilt; der Name Sachsen wanderte danach ostwärts ins heutige Sachsen.

Erst 500 Jahre später machte die Region wieder europäische Geschichte, als Hannovers Kurfürst im Jahre 1714 König von England wurde. Als die „Personalunion" 123 Jahre später endete, bestanden auf niedersächsischem Gebiet nur noch vier Staaten: Braunschweig, Hannover, Oldenburg und Schaumburg-Lippe. Sie wurden später Länder des Deutschen Reiches und bildeten 1946 zusammen das Land Niedersachsen, das damit zum ersten Mal als territoriale Einheit existierte: Das zweitgrößte Land, in dem man heute das größte Automobilwerk Europas und die größten Industriemessen der Welt findet. Und 13 Universitäten, deren ehrwürdigste in Göttingen in den 1920er Jahren mit einem Dutzend Nobelpreisträgern als „Nabel der mathematischen Welt" galt. Ihre Freiheit ließen sich die Niedersachsen nie nehmen: Die deutsche Nationalhymne schrieb August Heinrich Hoffmann von Fallersleben, Helene Lange aus Oldenburg war um 1900 die Wortführerin der deutschen Frauenbewegung, Wilhelmshavener Matrosen läuteten 1918 mit ihrer Meuterei die Novemberrevolution ein. Quer denken und geradeaus handeln – diese Tradition zieht sich durch Niedersachsens Geschichte von Till Eulenspiegel über Gottfried Wilhelm Leibniz bis zu Hermann Löns, dem Urvater des Umweltschutzes, und ist mit Hannovers Rockgruppe „Scorpions" noch nicht zu Ende.

Nordrhein-Westfalen

Fläche: 34 110 Quadratkilometer
Einwohner: 18 Millionen
Hauptstadt: Düsseldorf (619 000 Einwohner)
Größere Städte: Köln (1 Million Einwohner),
Dortmund (587 000), Essen (583 000), Duisburg (498 000),
Münster (314 000)

Geografisches: Nordrhein-Westfalen, im Westen der Bundesrepublik gelegen und an die Niederlande sowie Belgien grenzend, ist das bevölkerungsreichste Land. Kernzone der rheinisch-westfälischen Industrielandschaft ist das Ruhrgebiet, der größte industrielle Ballungsraum Europas. Nordöstlich erstreckt sich bis zum Teutoburger Wald die Münsterländer Bucht, in der, wie in den angrenzenden Landschaften, Agrarproduktion das Bild bestimmt.
Geschichte: Mit der „operation marriage" (Operation Hochzeit) fügten die britischen Besatzungsbehörden 1946 die ehemaligen preußischen Provin-

zen Westfalen und Rheinland (in seinen nördlichen Teilen), die bis dahin unterschiedliche Entwicklungen genommen hatten, zum Land Nordrhein-Westfalen zusammen. 1947 kam Lippe hinzu. Westfalen war im Mittelalter und der frühen Neuzeit in Kleinstaaten zersplittert. Unter französischer Herrschaft gab es in den Jahren 1807 bis 1813 ein Königreich Westfalen mit Napoleons Bruder Jérôme als Monarchen.
Nach 1815 fiel das gegenwärtige Westfalen dann an Preußen.
Als Rheinlande werden die deutschen Gebiete zu beiden Seiten des Mittel- und Niederrheins bezeichnet, deren südlicher Teil nach dem Zweiten Weltkrieg an Rheinland-Pfalz fiel. In der heute zu Nordrhein-Westfalen gehörenden Region entstanden im Mittelalter mehrere kleinere Territorien sowie das Kurfürstentum Köln. Ab 1614 fielen Teile des Rheinlandes an Brandenburg bzw. Preußen, das 1815 die Rheinprovinz erhielt.
Das Ruhrgebiet – teils zum Rheinland, teils zu Westfalen gehörig – nahm seinen Aufschwung ab Mitte des 19. Jahrhunderts. Heute gilt die einst fast ausschließlich vom Bergbau und der Stahlindustrie geprägte Region als Musterbeispiel des erfolgreichen Strukturwandels, der seit Ende der 1970er Jahre die wirtschaftliche Entwicklung des Landes prägt: Chemie und Maschinenbau haben die traditionellen Standortfaktoren Stahl, Kohle und Textilgewerbe in ihrer Bedeutung abgelöst. In den 1990er Jahren ist Nordrhein-Westfalen zu einer der stärksten Medien- und Kommunikationsregionen Europas geworden. Die umgesetzte Vision vom „Blauen Himmel über der Ruhr" hat das alte Image des „Kohlenpotts" erfolgreich verdrängt. Mit einem engmaschigen Netz von 63 Hochschulen und über 100 außeruniversitären Forschungseinrichtungen zählt die Forschungslandschaft Nordrhein-Westfalens heute zu den dichtesten und vielfältigsten der Welt. Dieser Ruf gebührt auch dem „Kulturland NRW", wovon jüngst die Vereinten Nationen in einem Vergleich der internationalen bedeutenden Kulturmetropolen Zeugnis abgelegt haben.

Rheinland-Pfalz

Fläche: 19 854 Quadratkilometer
Einwohner: 4 Millionen
Hauptstadt: Mainz (217 000 Einwohner)
Größere Städte: Ludwigshafen (171 000 Einwohner),
Koblenz (114 000), Trier (110 000), Kaiserslautern (99 000)

Geografisches: In Rheinland-Pfalz, das gemeinsame Grenzen mit Frankreich, Luxemburg und Belgien hat, liegt das Mittelrheintal mit seinen malerischen Burgruinen, das vielen als die deutsche Landschaft schlechthin gilt. Vor allem hier und entlang der Mosel erstrecken sich die Weinanbaugebiete, die das Land zur wichtigsten Winzerregion der Bundesrepublik machen. Viel besucht sind auch die alten Römerstädte Koblenz, Trier, Mainz und Worms sowie die vulkanische Eifel.
Geschichte: Rheinland-Pfalz wird vielfach als „Land aus der Retorte" bezeichnet. Es wurde 1946 von den Besatzungsmächten aus bayerischen, hessischen und preußischen Landesteilen gebildet, die nie zuvor zusam-

mengehört hatten: aus der bis dahin zu Bayern gehörenden Pfalz, den preußischen Regierungsbezirken Koblenz und Trier, vier Kreisen der ehemals preußischen Provinz Hessen-Nassau und dem linksrheinischen Gebiet Hessens. Besonders weit zurückreichende politische, wirtschaftliche und kulturelle Traditionen haben die heute zu Rheinland-Pfalz gehörenden rheinländischen Gebiete, in denen bereits in der Römerzeit städtische Siedlungen entstanden. Trier war seit Beginn des 4. Jahrhunderts eine der Hauptstädte des Römischen Reiches. Während des Mittelalters lagen in dieser Region die beiden Kurfürstentümer Mainz und Trier.

Auch die Pfalz hatte seit der Goldenen Bulle (1356) eine Kurstimme. Zwar verfügten die Kurfürsten und Pfalzgrafen nicht über ein geschlossenes Territorium, sie waren aber über Jahrhunderte die in dieser Region vorherrschende Macht – daran änderte auch der vorübergehende Verlust von Land und Kur an Bayern nichts, denn im Westfälischen Frieden (1648) erhielten die Pfalzgrafen beides zurück. Erst 1714 machte Kurfürst Karl Philipp dem Gegensatz zu den bayerischen Wittelsbachern ein Ende, was jedoch zur Folge hatte, dass die Pfalz zum Nebenland Bayerns absank.

Nach dem Wiener Kongress 1815 wurde aus der Pfalz der bayerische Rheinkreis gebildet (seit 1838 Rheinpfalz genannt), während das rheinhessische Gebiet um Mainz und Worms Hessen-Darmstadt zugeschlagen und die Rheinlande als Rheinprovinz Preußen angegliedert wurden.

Da Rheinland-Pfalz 1946 aus Gebieten mit sehr unterschiedlichen historischen Bindungen zusammengefügt wurde, gab es anfangs verschiedene regionale Initiativen, sich anderen Ländern anzugliedern. Diese setzten sich jedoch nicht durch. Nicht nur wirtschaftlich nimmt das Land an Rhein und Mosel heute eine Spitzenposition ein. Ebenso stolz sind die Rheinland-Pfälzer auf ihr kulturelles Erbe. Der „Kultursommer Rheinland-Pfalz" lädt die Bürger in jedem Jahr zu rund 1600 Veranstaltungen ein und verbindet damit in unvergleichlicher Weise reizvolle Landschaft mit Musik, Tanz und Schauspiel. Die Stiftung Rheinland-Pfalz für Kultur ist die zweitgrößte Kulturstiftung eines Bundeslandes.

Saarland

Fläche: 2570 Quadratkilometer
Einwohner: 990 000
Hauptstadt: Saarbrücken (180 000 Einwohner)
Größere Städte: Neunkirchen (46 000 Einwohner),
Homburg (42 000), Völklingen (39 000), St. Ingbert (36 000)

Geografisches: Das Saarland ist der kleinste deutsche Flächenstaat. Er grenzt an Frankreich und Luxemburg. Rund 30 Prozent des Landes sind mit Wald bedeckt, wobei sich die größten geschlossenen Waldgebiete im Mittelsaarländischen Waldland und im Schwarzwälder Hochwald, einem Teil des Hunsrücks, erstrecken. Die Wirtschaftszentren liegen im dicht besiedelten Saartal.
Geschichte: Vor der Industrialisierung im 19. Jahrhundert hatte das Saarland nur einen schwachen territorialen Kern in der Grafschaft (später Fürstentum) Saarbrücken, war aber ansonsten von benachbarten Herrschaften – Trier, Metz, Pfalz, Lothringen, später Frankreich – geprägt. Mit

der Neuordnung Europas nach den Napoleonischen Kriegen fiel das Gebiet infolge des Wiener Kongresses 1815 vorwiegend an die preußische Rheinprovinz, zu geringeren Teilen an die Pfalz.

Mitte des 19. Jahrhunderts, als an der Saar die Kohleförderung und Eisenerzeugung einen gewaltigen Aufschwung nahmen, bildete sich hier ein einheitlicher Wirtschaftsraum heraus, der sich nach dem Deutsch-Französischen Krieg 1870/71 mit dem vom neu gegründeten Deutschen Reich annektierten benachbarten Lothringen verflocht. Das Saargebiet entstand als politische Einheit erst 1920 mit dem Inkrafttreten des Versailler Friedensvertrages. Nachdem französische Annexionsversuche 1918/19 am Widerstand Großbritanniens und der USA gescheitert waren, wurde das Gebiet für 15 Jahre der Verwaltung des Völkerbundes unterstellt. Frankreich erhielt die Kohlegruben, konnte das Land in sein Zollgebiet und später auch in seinen Wirtschaftsraum integrieren. Die 1935 durchgeführte Volksabstimmung, in der sich 90,8 Prozent für einen Anschluss an das Deutsche Reich aussprachen, war wegen der geänderten politischen Verhältnisse in Deutschland auch ein Votum für die nationalsozialistische Herrschaft.

Im Sommer 1945 strebte Frankreich erneut eine Einbeziehung des Saarlandes in seinen Machtbereich an und wählte dafür, nachdem eine Eingliederung in den französischen Staatsverband wiederum auf die Ablehnung seiner Alliierten gestoßen war, die Form der Wirtschafts- und Währungsunion, die auch in der Präambel der saarländischen Verfassung vom 17. Dezember 1947 festgelegt wurde. Nachdem die Bevölkerung ein „Europäisches Saarstatut" am 23. Oktober 1955 mit 67,7 Prozent abgelehnt hatte, löste der Luxemburger Vertrag vom 27. Oktober 1956 das Saarproblem. Das Saarland wurde ab 1. Januar 1957 eigenes Land. Eine auf drei Jahre befristete Übergangszeit endete schon am 5. Juli 1959. Seitdem bemühen sich die Landesregierungen, den Modernisierungsrückstand in Industrie- und Verkehrseinrichtungen aufzuholen und die sich aus der Kohle- und Stahlkrise ergebenden Notwendigkeiten der Umstrukturierung zu bewältigen – in enger grenzüberschreitender Zusammenarbeit mit Lothringen und Luxemburg.

Sachsen

Fläche: 18 450 Quadratkilometer
Einwohner: 4 Millionen
Hauptstadt: Dresden (554 000 Einwohner)
Größere Städte: Leipzig (587 000 Einwohner),
Chemnitz (247 000), Zwickau (89 000), Plauen (65 000)

Geografisches: Sachsen, das mit 225 Einwohnern pro Quadratkilometer dicht besiedelt ist, gilt als das Industriezentrum Mitteldeutschlands. Landschaftlich wird es im Süden vom Erzgebirge, im Südwesten vom Vogtland, im Osten von der Oberlausitz geprägt. Die schönste Region an der Elbe, die das Land von Süden nach Norden durchfließt, ist das Elbsandsteingebirge.
Geschichte: Mit der Person Heinrichs I., der als erster sächsischer Herrscher von 919 bis 936 deutscher König war, trat Sachsen in die Geschichte ein. Heinrich drang aus dem Harz in das von Slawen bewohnte Gebiet des heutigen Sachsen vor und setzte einen Markgrafen in Meißen ein. Deut-

sche Bauern kamen in das zuvor allein von Slawen bewohnte Land, die Missionierung begann.

1453 erhielt das Herzogtum Sachsen die Kurwürde und wurde zu einer führenden Kraft im Reich. 1485 erfolgte die Teilung des Landes unter den Herrscherbrüdern Ernst und Albrecht. Vom – heute zu Sachsen-Anhalt gehörenden – Wittenberg, der Residenz der Ernestiner, in der Martin Luther predigte, nahm 1517 die Reformation ihren Ausgang. Später wurde auch die Albertinische Region lutherisch.

Nach mehreren Kriegen erreichte Sachsen unter Kurfürst August dem Starken (Regentschaft 1694–1733), der ab 1697 auch König von Polen war, einen Höhepunkt in seiner Entwicklung. Im 18. Jahrhundert galt Sachsen unbestritten als eines der kulturellen Zentren Europas, doch politisch wurde es bald vom aufstrebenden Preußen überflügelt. Im Siebenjährigen Krieg (1756–1763), in den Napoleonischen Kriegen als Verbündeter Frankreichs und im Deutsch-Österreichischen Krieg (1866) als Alliierter Österreichs war Sachsen in der militärischen Auseinandersetzung mit Preußen stets der Verlierer. Zwar wurde das Land 1806 Königreich, es musste aber 1815 fast drei Fünftel seines Gebiets an Preußen abtreten – und erhielt damit ungefähr die heutigen Umrisse.

Im Zuge der in Sachsen besonders intensiven Industrialisierung bildete sich hier früh eine starke Arbeiterbewegung heraus. 1863 wurde der Allgemeine Deutsche Arbeiterverein als Vorläufer der SPD in Leipzig gegründet. Ab 1871 gehörte Sachsen zum Deutschen Reich und entwickelte sich bis 1914 zum am dichtesten bevölkerten Land Europas. Zum Ende des Ersten Weltkriegs wurde der Freistaat Sachsen ausgerufen.

Während der nationalsozialistischen Herrschaft wurde das Land gleichgeschaltet. Der Zweite Weltkrieg traf Dresden besonders schwer: Durch Bombenangriffe der Alliierten starben im Februar 1945 kurz vor Kriegsende rund 35 000 Menschen.

Nach Kriegsende wurde Sachsen, erweitert um das zuvor schlesische Gebiet um Görlitz, Teil der sowjetischen Besatzungszone. Wie alle anderen DDR-Länder wurde es 1952 bei der Gebietsreform in Bezirke aufgeteilt. Im Herbst 1989 waren die sächsischen Großstädte Zentren des gewaltlosen Widerstands gegen die SED-Herrschaft, der die Auflösung des Staates DDR, die Vereinigung Deutschlands und damit die Rekonstruktion des Landes Sachsen entscheidend mitbewirkte.

Sachsen-Anhalt

Fläche: 20 451 Quadratkilometer
Einwohner: 2,2 Millionen
Hauptstadt: Magdeburg (238 000 Einwohner)
Größere Städte: Halle (239 000 Einwohner), Dessau-Roßlau (81 000), Wittenberg (46 000), Stendal (40 000)

Geografisches: Das Land Sachsen-Anhalt grenzt mit der Altmark an Niedersachsen, weist in der Magdeburger Börde eine besonders fruchtbare Region auf und reicht im Süden bis zu den Industriegebieten um Halle und Bitterfeld. Die höchste Erhebung ist der 1142 Meter hohe Brocken im Harz.
Geschichte: Sachsen-Anhalt ist reich an historischen Stätten und kulturhistorisch wichtigen Zeugnissen. Diese haben große Bedeutung für die deutsche Geschichte insgesamt; sie gehören auch zur Identität des jungen Bundeslandes. Das Gebiet des heutigen Sachsen-Anhalt gilt als „Wiege des Deutschen Reiches", da Heinrich I. (876–936) als erster deut-

scher König und Otto der Große (912–973) als erster deutscher Kaiser diesen Raum zum politischen wie auch zum wirtschaftlichen und kulturellen Zentrum ausbauten. Auf der Burg Falkenstein verfasste der aus Reppichau bei Köthen stammende Eike von Repgow (ca. 1180–ca. 1233) den „Sachsenspiegel", das älteste und einflussreichste deutsche Rechtsbuch. Von Wittenberg aus, wo Martin Luther und Philipp Melanchthon Anfang des 16. Jahrhunderts wirkten, nahm die Reformation ihren Lauf. Vom Bauhaus Dessau (1926–1932) gingen unter seinen Direktoren Walter Gropius, Hannes Meyer und Ludwig Mies van der Rohe wegweisende Impulse für die moderne Architektur aus.

Das Land Sachsen-Anhalt wurde hauptsächlich aus der beim Wiener Kongress 1815 geschaffenen Provinz Sachsen (die vom Königreich Sachsen getrennt worden war) sowie den Herzogtümern Anhalt-Dessau, Anhalt-Bernburg und Anhalt-Köthen gebildet. Die anhaltischen Gebiete waren weniger politisch als vielmehr kulturell bedeutsam; vor allem im 17. und 18. Jahrhundert blühten dort die Baukunst und das Musikleben. Davon zeugen die unter Fürst Leopold III. Friedrich Franz von Anhalt-Dessau angelegte Dessau-Wörlitzer Kulturlandschaft sowie das Wirken der Hofkapellmeister J. S. Bach und J. F. Fasch in Köthen bzw. in Zerbst. Die preußische Provinz Sachsen war ein eher künstliches Gebilde. Sie umfasste sowohl urbrandenburgische Landesteile wie die Altmark im Norden als auch ehemals sächsische und thüringische Gebiete im Süden. Dank reicher Bodenschätze nahm die preußische Provinz im 19. Jahrhundert einen gewaltigen wirtschaftlichen Aufschwung. Die Gegend um Magdeburg galt als Kornkammer Deutschlands, um Halle, Bitterfeld und Wolfen entstand eine bedeutende chemische Industrie. Aufgrund der Mittellage entwickelte sich das Gebiet zu einem bis heute bestehenden Verkehrsknotenpunkt.

Als selbstständige föderale Einheit gab es das Land von 1945 bis 1952, mit offizieller Bezeichnung „Land" lediglich zwischen 1947 und 1952. In der DDR ging es am 25. Juli 1952 im Wesentlichen in den neu geschaffenen Bezirken Halle und Magdeburg auf. Als eines der 16 Länder der Bundesrepublik Deutschland besteht Sachsen-Anhalt seit dem 14. Oktober 1990.

Schleswig-Holstein

Fläche: 15 800 Quadratkilometer
Einwohner: 2,9 Millionen
Hauptstadt: Kiel (247 500 Einwohner)
Größere Städte: Lübeck (217 000 Einwohner), Flensburg
(89 000), Neumünster (79 000), Norderstedt (79 000)

Geografisches: Die reizvolle Landschaft zwischen Nord- und Ostsee lockt viele Besucher auf die Nordfriesischen Inseln im Nationalpark Wattenmeer an der Westküste, in die hügelige Seenlandschaft der Holsteinischen Schweiz und in die bekannten Ostseebäder Timmendorfer Strand oder Damp. Auf halber Strecke zwischen Malta und dem Nordkap gelegen, ist Schleswig-Holstein durch die Ostsee mit Dänemark, Schweden, Finnland, Polen und den Ostseerepubliken Estland, Lettland und Litauen verbunden. Das nördlichste Bundesland ist Motor der Ostseekooperation und Drehscheibe für die Länder rund um die Ostsee, die zu den Zukunftsregionen Europas gehören. Durch die Zusammenarbeit mit den Ostseeanrainerstaaten ist ein Netz von Partnerschaften mit Südschweden, West-Finnland, Südost-Norwegen, Estland, Danzig und Kaliningrad aufgebaut worden. In den zurückliegenden Jahren hat Schleswig-Holstein einen erfolgreichen Strukturwandel vollzogen und ist eine moderne Wirtschafts- und Technologieregion geworden. Neue und besonders zukunftsträchtige Beschäftigungsfelder wie die Umweltwirtschaft, Meeres-, Elektro- und Medizintechnik, Softwareentwicklung, Biotechnologie oder der boomende Telekommunikationsmarkt prägen inzwischen das wirtschaftliche Bild des Landes.

Geschichte: Die Geschichte Schleswig-Holsteins wurde von seiner engen Nachbarschaft zu Dänemark geprägt. 1460 schlug die Geburtsstunde Schleswig-Holsteins: In diesem Jahr wurde der Dänenkönig Christian I. zum Herzog von Schleswig und Holstein gewählt. Im Ripener Privileg garantierte er, dass beide Landesteile „Up ewich ungedeelt" bleiben sollten, eine heute noch viel zitierte Formel.

Weltgeschichte schrieb das Land 1918, als kurz vor dem Ende des Ersten Weltkriegs Tausende Matrosen der Kriegsmarine in Kiel für Frieden, Freiheit und Brot demonstrierten. Sie trugen damit zum Ende des wilhelminischen Kaiserreichs bei. Als Folge des Zweiten Weltkriegs wurde der preußische Staat aufgelöst, und durch Verfügung der britischen Militärregierung entstand im August 1946 das Land Schleswig-Holstein. Ein besonderes Kennzeichen Schleswig-Holsteins ist seine kulturelle Vielfalt. Ein Heimatmuseum ist in jedem größeren Ort zu finden, und Schloss Gottorf genießt als Landesmuseum bundesweit einen besonderen Ruf. Anziehungspunkte sind auch das Freilichtmuseum Molfsee bei Kiel, in dem das Landleben vergangener Zeiten zu sehen und zu erleben ist, und das Museum auf dem Gelände der alten Wikingerstadt Haithabu.

Thüringen

Fläche: 16 172 Quadratkilometer
Einwohner: 2,1 Millionen
Hauptstadt: Erfurt (213 000 Einwohner)
Größere Städte: Jena (111 000 Einwohner), Gera (94 000),
Weimar (65 000), Gotha (45 000)

Geografisches: Das Land Thüringen liegt im Zentrum des wiedervereinigten Deutschland, umgeben von Hessen, Niedersachsen, Sachsen-Anhalt, Sachsen und Bayern. Landschaftlich bestimmend ist der schmale Mittelgebirgskamm des Thüringer Waldes. Westlich davon steigt das Meininger Land bis zur Rhön an, östlich erstreckt sich die Ackerlandschaft des Thüringer Beckens.
Geschichte: Das Land Thüringen hat seine frühen Wurzeln im Königreich gleichen Namens, das von 400 bis 531 zwischen dem Main und dem Harz existierte. Nach den germanischen Toringi wechselten sich dann Franken und Sachsen in der Herrschaft ab; im 8. Jahrhundert begann die Christianisierung.

Im Mittelalter war Thüringen zunächst von den Landgrafen aus dem Geschlecht der Ludowinger geprägt, die 1130 die Herrschaft übernahmen und 1180 die Pfalzgrafschaft Sachsen ihrem Gebiet eingliederten. Ludowingischer Stammsitz war die oberhalb Eisenachs gelegene Wartburg, auf der sich die mittelalterlichen Minnesänger ihren „Sängerkrieg" geliefert haben sollen. Noch zweimal rückte die Wartburg danach ins Licht der Aufmerksamkeit: 1521 übersetzte Martin Luther hier die Bibel ins Deutsche, und 1817 wurde die Festung, als sich die Burschenschaften mit der Forderung nach einem deutschen Nationalstaat zum Wartburgfest versammelten, zum Symbol der Einheit Deutschlands.

Wie die gesamtdeutsche war auch die thüringische Geschichte frühzeitig – nach dem Aussterben der Ludowinger 1247 – von territorialer Zersplitterung bestimmt.

Thüringen fiel nach 1247 an das Haus Wettin, das sich nach der Leipziger Teilung von 1485 noch in eine Albertinische und eine Ernestinische Linie aufspaltete. Daneben gab es die kurmainzischen Gebiete Erfurt und das Eichsfeld, die Fürstentümer Schwarzburg-Rudolstadt und Schwarzburg-Sondershausen, die Fürstentümer Reuß, die gefürstete Grafschaft Henneberg und einige andere kleine Gebiete. Im 19. Jahrhundert bestanden in Thüringen zeitweise 15 verschiedene Kleinstaaten mit über 100 Gebietsenklaven.

Erst 1920 wurde aus den verbliebenen Kleinstaaten – vier Ernestinische Sächsische Herzogtümer, die Fürstentümer Schwarzburg-Rudolstadt, Schwarzburg-Sondershausen, Reuß ältere und Reuß jüngere Linie – das Land Thüringen mit Weimar als Hauptstadt gebildet. Es verlor seine Eigenstaatlichkeit mit der nationalsozialistischen Machtübernahme, wurde in den letzten Wochen des Zweiten Weltkriegs von amerikanischen Truppen besetzt, aber noch 1945 gemäß den Beschlüssen von Jalta der sowjetischen Besatzungszone zugeschlagen. Die DDR-Gebietsreform von 1952 teilte das Land in die Bezirke Erfurt, Gera und Suhl. Neue Landeshauptstadt des mit der deutschen Einheit 1990 wiedergegründeten Thüringen wurde Erfurt.

Textquellen / Bildnachweis

Seite 1
Heinrich Heine, aus: Reisebilder. Die Nordsee. In: Werke, Hoffmann und Campe Verlag, Hamburg 1956
Seite 24
Thomas Mann, Deutschland und die Deutschen, aus: Thomas Mann, Essasys, Band 4 / Herausgegeben von Kurzke, Herrmann und Stachorski Stephan © 1996, S. Fischer Verlag GmbH, Frankfurt am Main
Seite 26
Kurt Tucholsky, Heimat, aus: Kurt Tucholsky, Gesammelte Werke, Rowohlt Verlag, Reinbek 1960
Seite 28
Joseph Roth, Bekenntnis zu Deutschland, aus: Werke, Band 3, Kiepenheuer & Witsch, Köln 1976

Umschlagbild: Huber Images, Garmisch-Partenkirchen, © Olimpio Fantuz
Innenabbildungen: Adobe Stock: S. 34/35 (©helmutvogler - stock.adobe.com); 46/47 (©stock. Adobe.com Jürgen Wackenhut); 51 u. (©powell83 - stock.adobe.com); 52/53 o. (©p. nowack - penofoto.de) 67 o. (©kameraauge - stock.adobe.com); 71 (©Gerhard1302 – stock.adobe); 72/73 (©Marco2811 - stock.adobe.com); 74 (©mojolo - stock.adobe.com); 76/77 (©greenpapillon - stock.adobe.com); 78 (©LianeM - stock.adobe.com); 84 u. (©Composer - stock.adobe.com); 85 u.l. (©André Franke - stock.adobe.com); 88, 100/101, 106/107 (©Mapics - stock.adobe.com); 89 (©Composer - stock.adobe.com); 90 o. (©Sergii Figurnyi - stock.adobe.com); 55, 91, 94/95 o., 112, 396/397 (©Sina Ettmer - stock.adobe.com); 114/115 (©UbjsP - stock.adobe.com); 117 u.l. (©pure-life-pictures - stock.adobe.com); 118/119 (Rudolf Balasko rudi1976@gmail.com); 122/123 (©David Brown - stock.adobe.com); 132/133 (©motivthueringen8 - stock.adobe.com); 140/141 (© Copyright 2014 - stock.adobe.com); 152 (©Mazur Travel - stock.adobe.com); 157 (© Marcella Wagner - stock.adobe.com); 199 u. (© HorstLlieber - stock-adobe.com); 202 u. (©majonit - stock.adobe.com); 230 (©v.golzheim 2013 – stock.adobe.com); 231 (©Vincent Sima – stock.adobe.com); 292 (©mojolo - stock.adobe.com); 312 (©Daniel Bahrmann - stock.adobe.com); 392 (©Holger Schultz - stock.adobe.com); Michael Bader, Leipzig: 173 u.; Frank Burger, Barth: 124 u.r.; Fotolia: 30, 58 (Marco2811); 36 u. (Dirk Rueter); 38/39 (pankow); 70/71; 116/117 o., 124/125 o. (RicoK); 126/127 (Henner Damke); 128/129 (Friedberg); Huber Images, Garmisch-Partenkirchen: 204/205; 2/3, 37 u.l., 37 u.r., 42/43 o., 42 u., 43 u., 51 o., 52/53 o., 130/131, 160/161, 162 o., 164, 222 o. (Sabine Lubenow); 4/5, 10/11, 82/83, 146/147, 193 u., 243 u., 248/249, 307 u., 317 u., 322/323, 353 u., 394/395 (Cornelia Dörr); 6/7, 60/61, 64/65, 81 o., 84/85 o., 102, 103 r., 104 r., 105, 108/109, 188/189, 212/213, 224 u., 227 o., 228/229, 236 o., 259 o., 267, 307 o., 310/311, 314/315,

316/317 (Francesco Carovillano); 8/9, 190, 330 (Luigi Vaccarella); 12/13, 56, 59 o., 62 u.r., 69 o., 117 u.r., 136, 137 o., 137 u., 138/139, 140 u., 141 u., 142/143, 144, 145, 148 u., 149, 150/151, 155 u., 166/167, 168 l., 168 u.r., 170, 172/173, 172 u.l., 176/177, 178, 183 u., 184/185, 193 o., 220, 221 u.l., 222 u.l., 223, 254 u., 256/257, 258, 264, 265 l., 265 l., 268, 269 o., 288/289 o., 288 u.l., 290/291, 293 o., 293 u., 294/295, 296 u.l., 297, 298/299 o., 298/299 u., 302, 316 u.l., 316 u.r., 321 o., 321 u.l., 321 u.r., 328, 329 o., 329 u.l., 329 u.r., 331 o., 331 u., 334, 339, 344, 345 o., 345 u.l., 345 u.r., 346/347, 348/349, 350, 351 o., 351 u.r., 352/353, 352 u., 354, 355 u., 356/357, 358, 360/361, 360 u.l., 360 u.r., 363 u., 364, 365 o., 365 u.l., 365 u.r., 366, 368, 369 o., 396 u.l., 396 u.r., 372/373, 372 u., 374, 375 o., 375 u., 377 o., 378, 379 o., 379 u.l., 379 u. r., 384, 386/387, 389 o., 390/391 (Reinhard Schmid); 14/15, 63, 66, 79 o., 80, 95 u.r., 98, 110, 111 o., 116 u., 120/121, 175, 186 u.l., 282, 332/333, 363 o., 373 u., 377 u., 385, 289 u., 393 o., 393 u. (Christian Bäck); 16/17 (Marc Hohenleitner); 32, 44/45, 54, 59 u.r., 62 o., 85 u.r., 90 u., 92/93, 95 u.l., 96/97, 111 u., 186 u.r., 198 u., 209 u.r., 214 u.r., 224/225 o., 226, 227 u.l., 260, 266 o., 272, 273 o., 273 u., 274/275, 277, 278/279 o., 278 u., 279 u., 280/281, 300/301, 304/305, 367 u. (Günter Gräfenhain); 36/37, 270/271 (Christian Müringer); 40/41 (Rainer Mirau); 48/49 (Katja Kreder); 50, 79 u., 172 u.r., 182 u.l., 182 u.r., 203 u., 227 u.r., 237, 240 u., 241 u., 242, 252/253, 254/255, 255 u., 262/263, 351 u.l. (Hans-Peter Merten); 52 u., 59 u.l., 94 u., 228/229 o., 285 (Frank Lukasseck); 53 u.l., 86/87 (Manfred Mehling); 55 u., 104 l., 148 o., 174, 179 o., 179 u., 180 o.l., 180/181, 182/183, 284 o., 284 u., 286/287, 288 u.r., 289 u., 296 u.r., 313 o., 313 u., 318 o., 318 u., 319, 320, 324, 325 o., 325 u. (Hans-Peter Szyszka); 103 l. (Friedmar Damm); 154/155 o., 156, 240/241 o. (Massimo Ripani); 154 u., 162 u., 163, 165 o., 165 u.l. (Antonino Bartuccio); 165 u.r. (Stefano Amantini); 168/169, 169 u. (Alessandro Saffo); 192, 194/195, 200/201, 206/207, 208, 209 o., 211, 216/217, 221 o., 222 u.r., 276 u. (Joachim Jockschat); 186/187 (Arcangelo Piai); 198 o. (Jürgen Ritterbach); 199, 236 u., 266 u. (Chris Seba); 202/203 (Schulte-Kellinghaus); 221 (Holger Klaes); 225 u. (Gabriele Croppi); 232, 243 o., 244/245, 246 o., 247, 250, 269 u., 276 o., 355 o.,

Impressum

Bibliografische Information der Deutschen Nationalbibliothek
Die Deutsche Nationalbibliothek verzeichnet diese Publikation in der Deutschen Nationalbibliografie; detaillierte bibliografische Daten sind im Internet über http://dnb.d-nb.de abrufbar.

© Ellert & Richter Verlag GmbH, Hamburg 2020

ISBN 978-3-8319-0767-0

Dieses Werk einschließlich aller seiner Teile ist urheberrechtlich geschützt. Jede Verwertung außerhalb der engen Grenzen des Urheberrechtsgesetzes ist ohne Zustimmung des Verlages unzulässig und strafbar. Dies gilt insbesondere für Vervielfältigungen, Übersetzungen, Mikroverfilmungen und die Einspeicherung und Verarbeitung in elektronischen Systemen.

Bildredaktion und Bildlegenden: Gerhard Richter, Hamburg
Gestaltung: BrücknerAping, Büro für Gestaltung GbR, Bremen
Gesamtherstellung: DZA Druckerei zu Altenburg GmbH, Altenburg

www.ellert-richter.de
www.facebook.com/EllertRichterVerlag